2002年6月12日C.R.劳先生在白宫接受了布什总统颁发的美国总统科学奖

统计与真理

——怎样运用偶然性

〔美〕C.R. 劳 著

科学出版社
北 京

内 容 简 介

本书是当代国际最著名的统计学家之一 C. R. 劳的一部统计学哲理论著，也是他毕生统计学术思想的总结，同时还是一本通俗的关于统计学原理的普及教科书.

书中，作者从哲学的角度论述了统计学原理，通过实例，不仅证明了统计学是一门最严格、最合理的认识论和方法学，还深刻地揭示了现代统计学发展的过程，特别是那些很深刻的理论是如何从一些非常简单实际的问题中发展起来的. 本书前 5 章讲述了统计学从最初收集、汇编数据为行政管理服务，发展成为有一整套原理和研究方法的独立学科的历史，第 6 章谈及了普通公众对统计学的理解，强调了从数字中学习有助于成为有效率的公民. 本书最引人注目的特点是，书中提到的所有科学的学科调查与决策和统计之间的关联是由一系列实例来说明的. 本书使用非专业语言通俗地阐述了统计学的基本概念和方法，适合大众读者.

图书在版编目(CIP)数据

统计与真理：怎样运用偶然性/(美) C. R. 劳著. —北京：科学出版社，2004

ISBN 978-7-03-012222-3

Ⅰ. 统… Ⅱ. 劳… Ⅲ. 统计学-通俗读物 Ⅳ. C8-49

中国版本图书馆 CIP 数据核字(2003)第 088019 号

责任编辑：吕 虹 陈玉琢/责任校对：宋玲玲

责任印制：赵 博/封面设计：黄华斌

科学出版社 出版

北京东黄城根北街 16 号

邮政编码：100717

http://www.sciencep.com

保定市中画美凯印刷有限公司印刷

科学出版社发行 各地新华书店经销

*

2004 年 7 月第 一 版 开本：720×1000 1/16

2025 年 2 月第十次印刷 印张：9 1/4 插页：1

字数：162 000

定价： 48.00 元

(如有印装质量问题，我社负责调换)

本书谨献给

引导我探求知识的

母亲

A．Laxmikanthamma

在我年少时，母亲每天早上四点起床，为我点上油灯，

使我能在安静的早晨精力充沛地用功读书

知识是我们已知的

也是我们未知的

基于已有知识之上

我们去发现未知的

由此,知识得到扩充

我们获得的知识越多

未知的知识就会更多

因而,知识的扩充永无止境

* * *

在终极的分析中，一切知识都是历史

在抽象的意义下，一切科学都是数学

在理性的基础上，所有的判断都是统计学

中文版出版说明

我很高兴看到《统计与真理——怎样运用偶然性》一书走进中国.我要感谢李竹渝博士、石坚博士和白志东教授,因为我的书稿是英文的,为了把本书奉献给中国读者,他们对书稿的翻译做了大量的工作.

如何建立新知识?这个问题取决于我们对知识概念的认知.以一个哲学家的观点,知识存在于(真实的或确定的)谬误之中,推理是获得这样的知识的工具.而从一个科学家的观点来看,一切知识都不是绝对正确的.通过任何方式所得到的一个科学理论知识,如果能引导出可接受限度内的预示,就能获得认可.一个新的理论如果能提供更好的预示,就将取代已经存在的科学理论.而从统计学的角度来看,从经验或实验中获取的知识是不确定的,但在实际生活中,不管这些已有的知识如何贫乏,我们不得不以此做出决策.统计学关注的是如何探知由观察数据获取的知识中的不确定性的量度,以及如何明确在最小损失下的最优决策.

《统计与真理——怎样运用偶然性》讨论的问题是:如何设计实验以便提供所要求的信息,如何从实验结果中获取一切有效信息,以及如何在实际中应用这些信息.本书将通过大量的事例来讨论这样一个过程中的哲理、逻辑和实践的问题,以及如何避免对统计方法的误用或对统计学的误解的问题.

人类一切努力的最终目的是寻求真理,而在严格意义下的真理是不可得到的,替代的是要寻求可接受的知识.严格地讲,知识不是真理,但它应最好地运用真理.

我们应该记住中国大哲学家孔子所说的:知之为知之,不知为不知,是知也.

最后,我要感谢科学出版社在本书的出版过程中的合作和努力.

C. R. 劳

宾夕法尼亚州州立大学大学城

2003 年 7 月 28 日

不确定性知识

+

所含不确定性量度的知识

=

可用的知识

序

《统计与真理——怎样运用偶然性》一书的英文版，是在1987年纪念拉曼纽扬的百年诞辰活动期间、我所作的三次关于统计学历史与发展的演讲的基础上完成的. 演讲中所涉及的每一个主题都更详细地重新写过，各自独立成章. 现在的中文版在许多方面与英文版有明显的不同.

英文版中的第一、第二和第三讲的内容现在完全被重新组织，并扩展成为系列的5个章节，回顾了统计学从最初收集、汇编数据为行政管理服务，发展成为有一整套原理和研究方法的独立学科的历史. 书中提到的所有科学学科的调查与决策和统计学之间的关联由一系列实例来说明. 最后一章，即第6章是新增加的，谈及普通公众对统计学的理解，也是大家感兴趣的话题.

第1章所涉及的随机性、混沌与偶然性这些概念在调查和解释自然现象中扮演着重要的角色. 强调了随机数在秘密通讯、产生无偏差信息以及在解决复杂计算中的重要性. 也谈到了与艺术和科学中的创造性有关的一些想法. 第2章介绍了在新知识建立中常用到的归纳法与演绎法. 同时也说明如何量度不确定性使人们能获得最佳决策.

统计学思想远古即存，但作为一门学科历史却不长. 第3章和第4章从原始人用刻痕记数来记录他的牲畜的数量开始，到从数字或者已知数据中抽取信息，成为在不确定性条件下做出推断的一种强有力的逻辑工具方面，来讲述统计学发展的历史. 也强调了避免伪造数据、污染数据或任意对数据进行编纂的重要性，同时介绍了如何检测数据中存在这一类问题的一些方法. 第5章用来讲述统计学的无处不在，无论在解开自然奥秘的科学调查中，或是要在日常生活中做出最佳决策，或者要解决法庭争端时，统计学都是一种探求真理的必不可少的工具.

我们都生活在信息时代，大多数的信息都是以量化的形式传播的. 例如：今年的犯罪率与前一年相比下降了10%；明天有30%的可能要下雨；股票市场的道·琼斯指数价格增加了50点；世界上每4个新生婴儿中有一个是中国人；赞成总统的外交政策的人数占总人数的57%. 这个估计的误差不会超过4个百分点；如果你坚持独身，你的寿命要减少8年. 所有这些数字对一般公众来说到底意味着什么呢？这些数字里面包含什么样的信息会有助于个人做出正确决策去改进提高他们的生活质量呢？强调公众对统计学理解的需要是我们在本版新加的第6章里所作的一个尝试. 能从数字中学习有助于成为有效率的公民，正如韦尔斯(H. G. Wells)所强调的：

统计思维总有一天会像读与写一样成为一个有效率公民的必备能力.

1987 年,在每次演讲的开始,我都要提到拉曼纽扬的生活和工作.我将所有这些传记性的细节作为一个与拉曼纽扬生平有关的文献放在了本书末的附录里.

C. R. 劳

译者的话

自1992年11月我国国家技术监督局颁布的GB/T14745-92《学科分类与代码》中，将统计学与数学、经济学等学科并列上升为一级学科，把包括原属社会科学领域和自然科学领域的各种统计学归并为一门统计学以来，统计学学科的发展和统计学教育就以一个新的面貌在我国出现了．在我国，由于长期受原苏联统计学教学思想的影响，理科将统计学视为一门数学专业，文科方面仅注重宏观统计描述，没有充分重视统计学科学性的研究，没有充分重视统计分析和数据计算分析对解决实际问题的潜在功能，使我国统计专业的发展一方面长期偏向数学理论，忽视统计分析本身与多科学交叉发展的内涵；另一方面带有较强的计划经济下的定性分析角色，失去了以数据来解释现象的统计学的本质．近十几年以来，我国逐步大力开展统计分析的实际应用，开始注重统计学与其他科学交叉发展的理论与应用研究．但与国际水平相比，在利用现代统计学的理论、方法和计算功能来解决自然科学、社会科学中的实际问题方面，我们还有相当的距离；交叉学科的发展，如生物统计、金融统计、经济统计等方面，我们还没有形成较强的研究实力．一般公众对统计学的认识还有待进一步提高．

本书是统计学界最知名的权威之一C.R.劳的著作，是他毕生经验的总结，既是一本高深的统计学哲理的专著，又是一本通俗的统计学原理的普及教科书．（本书跋的作者白志东先生已对C.R.劳先生毕生对统计学的贡献及本书的内容作了较详细的介绍，这里不再赘述．）自英文版问世以来，在世界各地广泛流传，并先后出版了日文、西班牙文、波兰文、德文和中文繁体字版等．我们和本书作者C.R.劳先生商量出版中文简体字版，他欣然同意，并委托我们做中文简体字版的翻译和出版工作．相信本书中文简体字版的出版将对我国学生学习统计学知识有一定的帮助．

在准备中文简体字版期间，欣喜得知C.R.劳先生荣获2002年度美国总统科学奖，并于2002年6月12日在白宫接受了布什总统的颁奖，表彰他在“统计学理论的建立，多元统计分析方法及其应用方面所做的开拓性贡献，其丰富了物理学、生物学、数学、经济学和工程学的发展”．我们谨以中文简体字版的正式出版作为我们对先生获奖的衷心祝贺，并庆贺先生83岁诞辰．

戴维·柯克斯爵士(David Cox Sir)评论本书原文时曾谈到“书中论题涉及了从创造性本质这样一些一般哲学概念到专业统计学原理，是一本阐述统计学论点本质的力作”．尽管我们力求准确把握原文内容，但由于学力有限，专业和文字能力则有未逮,译文中定会存在词不达意甚至误译的地方,诚恳专家、学者和广大读者的批评指正.另外,我们在翻译的过程中,专业人名主要参考了《英汉数学词汇》(科学出版社),《英汉统计学词汇》(中国统计出版社),《英俄汉数学词汇》(广东科技出版社).个别找不到译法的,没有译出.

我们感谢C.R.劳先生和科学出版社给我们这个机会,感谢白志东先生专门为本简体字版作跋,同时,感谢鲁万波、李方文在本书文字编辑方面给予的大力支持.

译　者

川大花园,成都

2002年12月

目　　录

对统计学的一知半解常常造成不必要的上当受骗
对统计学的一概排斥往往造成不必要的愚昧无知

第 1 章 不确定性、随机性与新知识的创立

让混沌涌来吧！
让云彩形成一片沼泽！
我等待着成形.

罗伯特·弗罗斯特(Robert Frost)

1.1 不确定性及其度量化

不确定性与随机性的概念已经困扰人类很长一段时间了.在我们生活的物质世界和社会环境中，我们无时无刻不面对不确定性,遭受各种自然灾祸，忍受着大自然的不确定性,正像歌德所想像的那样,事物是具有不确定性的：

伟大的、内在的永恒不变的法则能给我们指出使我们不再徘徊的路吗?

或者是像近三个世纪以来,也可以说是从古至今最伟大的物理学家爱因斯坦所相信的那样：

上帝决不会和宇宙赌博.

某些神学家认为：因为上帝决定世间万物，对上帝来说没有什么是随机性的.但也有人断言:即使是上帝，也被某些随机现象所左右.弗朗斯(A. France)在他所著的《伊比古鲁的乐园》(The Garden of Epicurus)一书中写到：

所谓随机性，恐怕是当上帝不愿显示其真实身份时所用的托词而已.

从亚里士多德时代开始，哲学家们就已经认识到随机性在生活中的作用，他们把随机性看做破坏秩序规律和超越人们理解能力范围的东西,但没有认识到有可能去研究随机性，或者是去测量不确定性.印度的哲学家们信奉古印度的因果报应学说，认为没有必要去研究随机性,因为按其严格的因果关系教规解释：一个人的命运，是由人的前世的行动所决定的.

所有人类的活动都是基于某种预示的，如上大学，找工作，结婚或投资.既然未来是不可预测的,不管人们掌握多少信息,都不可能存在能做出正确决策的系统方法.做出决策时，为了避免不确定情况和防止产生错误，人们依赖于像占星术

那样的伪科学，寻求巫师的祝言，甚至于做了迷信和巫术的牺牲品.人类至今仍相信这样的古训：

> 这是一个普遍真理：每一个人应该对重要机遇保持敏锐的眼光.
>
> 普洛塔斯(Plautus，公元前200年)

这个古训至今仍有影响，变为今天的说法就是：

> 一次机会也许可弥补由于错失良机所造成的损失.
>
> 罗伯特·索思韦尔(Robert Southwell，1980)

一个人的成功或失败，与其说是用能力或努力，不如说是用机遇来解释更合适.在任何给定的情况下，都有可能产生不确定性.主要由于下列的原因：

* 缺乏信息；
* 所得信息中，未被认识到的不准确性；
* 缺乏一定的技术手段去收集所需的信息；
* 不可能进行某些必要的测量；
* ……

如同物理学中基本粒子的运动、生物学中遗传因子和染色体的游离不定以及在社会中处于紧张状态下的人们的行为等一样，自然界中的不确定性是固有的.这些与其说是基于决定论的法则，不如说是基于随机论法则的不确定性现象，已经成为自然科学、生物科学和社会科学理论发展的必要基础.

那么，人类在不确定性下，如何做出决定呢？我们如何对某些特定的观察数据加以概括总结来发现新的现象或提出新的理论呢？这个过程涉及到艺术、技术，还是科学呢？

直到20世纪初叶才开始将不确定性数量化来尝试回答这些问题.我们还不能说这个努力已经十分成功了，但就是那些已经取得的成果，已经给人类活动的一切领域带来了一场革命.这场革命已经给予人类新的研究设想，促进了自然科学知识的发展并繁荣了人类生活.同时也改变了我们的思考方法，使我们能大胆去探索自然的奥秘.而以前由于我们被禁锢于宿命论的观点之中以及处理随机性的技术能力不足，阻碍了我们去进行这些探索.

至于这些发展状况以及处理随机性的构想为什么经历了这么长的时间才出现的种种原因，我们将在下一章中详细叙述.

1.2 随机性与随机数

十分奇妙的是，研究不确定性的方法常常使用随机排列的数列.假定一个口袋中装有标着0,1,2,…,9的硬币，我们一个一个地取出硬币并记录下抽取硬币的数字.每一次抽取后，再把硬币放回口袋中并充分混合，然后抽取下一个，这样得到的数列称为随机数列.这时即便给出前面所抽出的一系列数字，也无法得到任何启示去推测下次抽取的结果，随机数列显示了最大限度的不确定性(或称为混沌或者熵).下面我们将看到如何产生随机数列，并且在进行某些调查和解决某些复杂计算的问题中，随机数是如何不可或缺的.

1.2.1 随机数的书

1927 年，英国统计学家蒂皮特(Tippett)出版了一本题为《随机抽样数》的书.这本书的内容是 41 600 个数字(从 0 到 9)，排成 4 个一组，每页有数列，一共分布有 26 页.据说这些数字是作者从英国社会调查报告中所给出的各教区的面积的数字中，除去头尾的两个数字，然后把这些裁剪过的数一个接一个的混合排列起来，得到 41 600 个数字.这本书无任何意义仅仅是杂乱无章排列的数字，却在当时的专业书中成了最畅销的.继这本书出版后，两位伟大的统计学家，费歇(Fisher)和耶茨(Yates)出版了另一本随机数的书，书中共包含 15 000 个数字，是由 20 位对数表中排列第 15～19 位数组成的.

随机数的书！完全无意义、杂乱无章收集的数字，既无事实又无故事情节的书.这种书到底有什么用呢？为什么科学家会对它们感兴趣呢？这些或许是任何早期的科学家和门外汉的反应吧！但是随机数的书是 20 世纪中所特有的创造，这类书是为了解决现实世界中各种问题时对随机数的需要而产生出来的.当今世界中，人们花费了数十亿美元来从事随机数的生成及相关的重要的科学研究，以及发展高性能高速度的计算机.

什么是随机数列呢？这里不存在简单的定义，如前所述，这里仅能给出一个模糊的概念，即随机数列是不遵循任一特殊模式的数列.

人们如何得到理想的随机数列呢？例如多次投掷硬币，以 0 记为反面，以 1 记为正面，如同下面这样把数列记录下来：

$$0 \quad 1 \quad 1 \quad 0 \quad 1 \quad 0 \quad \cdots$$

如果你不是一个能控制每次投掷结果的魔术师，你则会得到一个称为二元(0 或 1)的随机数列.这样的数列也可以用如下方法得到：从装有相同个数的黑球和白球的口袋中一个一个地取球(取后放回)，记 0 为取得的黑球，1 为取得的白球.我在加尔各答印度统计研究所给一年级研究生上课时，经常让他们去研究所附近的班-霍夫(Bon-Hoophly)医院记录相继在该医院出生的婴儿的性别.如果记 M 为男婴，F 为女婴，我们则得到一个如投掷硬币或随机重复取球所得到的相同的二元符号列.这些随机列，一个是生物学现象自然产生的，另一个是人为产生的.

表 1.1 中，是从一个装有 500 个白球(W)和 500 个黑球(B)的口袋中取出并放回(还原抽样)，重复取 1000 个球时所得到的随机列结果.表 1.2 是按 M 为男

F F F F M	F M M M F	F M F F F	M M F F F	M M M F F
F F M F F	F M M M F	F M M M F	M F M M M	M M F M F
M F M M F	F M M F F	F M M F M	M M M M M	F M M F F

July

F M M M M	F M M M M	F F M F F	F F M M F	F M F M M
F F F M M	F M F F F	F M M M M	F M F M M	M M M M M
M F M F F	M M M M M	F M F M M	M F M M F	F M F M F
M F M M F	F F M M M	M M M F M	M M F F M	M M M F F
F M F F M	M F M F F	M F F F F	M M M M F	F F F M M
F F M M M	M M M M F	M M M M F	F M M F F	F F F M M

October

M M M F	F F F M F	F M M F M	M F M M F	M M M M M
M F M F M	F F F F M	F M F F F	F M F M M	M F F F M
M F M M F	M M F F F	F F M F F	F M M M M	M F M M F
F M M F F	M M M M F	F M M F F	M M F F M	F F F M F
F M M F F	M M F M M	M M M M F	F M F F M	M F F M F
F F M M F	F F F M F	F F M F F	F F M F M	F F M F F
M M F M M	F F F M F	M F F M F	M M M F F	F F F F F
M F M F M	M M F F F	M F F M F	M M F M F	M M M F M
M F M M F	M M F F F	F F M F M	F F F M M	M F M M M
M F F F M	M F M F F	M F F F M	M M F F M	M F M M M
M F M M F	F M M M F	F F M M F	F F F F F	F F F M F
M M F M M	M F M F F			

注:上表由一年级学生斯立勒卡·巴苏完成,数据收集时间是1956年中的几个月.

表1.3 频数分布

数	频数		期望值
	男婴	白球	
0	5	4	6.25
1	27	34	31.25
2	64	65	62.50
3	65	70	62.50
4	30	22	31.25
5	9	5	6.25
合计	200	200	200.00
κ^2-检验	2.22	5.04	

所谓期望值是指平均数的理论值，这是在大量重复 200 次为一组的实验时平均出现的数值[①]. 表 1.3 给出的频数可分别表示为图 1.1 中的两个直方图.

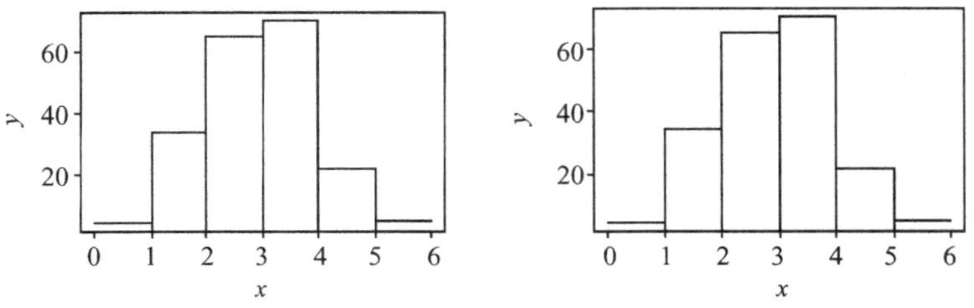

图 1.1 直方图

这两个直方图之间非常相似，也就是说，决定婴儿性别的随机结构与从装有相同数目的两种颜色小球的口袋中任取一球或是白球或是黑球所得到的随机结构相同. 这也与投掷硬币出现正面或是反面的随机结构相同. 由上述简单的练习可以提供一个公式化决定性别的基础：上帝投掷硬币来决定人的性别！实际上，从统计检验可以证明，男、女婴出生所产生的随机二元序列比起人工生成的随机列更准确. 可以说上帝是在投掷一枚非常均匀的硬币. 在印度每一秒钟就出生一个婴儿，是人们能便利迅速获得二元随机序列的一个来源.

现实场合中，除计算机外，人们常常利用所谓逆偏二极管这样的物理装置来产生随机数. 这是基于量子力学的理论，假定在原子水平下产生一定事件的随机性而做成的. 要注意的是，这个理论自身可以通过比较，由观察得到的数列和人工装置产生的数列来验证. 但是，数学家们相信：要构造一个有效的随机数列(使之满足很多规则)，不应通过随机程序而要利用适当的确定性程式(参见 Hull 和 Debell(1962))来实现. 因而通过装置所产生的数列被称为伪随机，在大多数实际应用中，使用这种伪随机数列可以达到所预期的目的.

通过比较我们现在已经看到，如何利用人工方法所产生的随机数列来发现类似的自然界中的偶然现象，并能使我们解释某些自然现象的产生，如男女出生的序列. 有许多开发利用随机性的方法，使我们能对一些棘手的问题找到突破口，解决一些过于复杂而又难以求得精确解答的问题，产生新的信息并有可能去帮助发展新的思想. 下面我将简单地进行一些说明.

1.2.2 蒙特卡罗(Monte Carlo)方法

卡·皮尔森，英国数学家，同时也是早期对统计学理论和方法做出重要贡献的

---

① 如果考虑划分表 1.1 或 1.2 中 1000 个符号 5 个一组，一组实验就有 200 次. ——译者注

人,是第一个察觉到利用随机数来解决那些过于复杂而又难以求得精确解答的概率和统计学的问题的人.如果已知 p 个变量 $x_2, x_2, \cdots, x_p$ 的联合分布，如何求出给定函数 $f(x_1, x_2, \cdots, x_p)$ 的分布呢?这个问题的公式化解是一个不完全重积分的形式,但计算起来非常困难.卡·皮尔森发现,对这样的问题，随机数是有用的，至少可获得一个近似解.为此,他鼓励蒂皮特准备一个随机数的表来帮助其他人进行这方面的研究.卡·皮尔森认为：

> 在蒙特卡罗玩轮盘赌一个月的记录，可以提供讨论知识来源的资料.

这种被称为模拟或蒙特卡罗技术的方法，今天在统计学和所有科学中已成为解决复杂数值问题的标准方法.利用这个方法，由生成的随机数进行一些简单的计算即可.

模拟方法的基本原理很简单.例如在图1.2中，要求计算在给出正方形图形中,不规则图形面积与正方形图形面积的比率大小.由于不规则图形形状很复杂，不能简单地用尺子测量来求图形的面积.现设正方形相邻的两边分别为 x 和 y 轴，选择一组随机数 (x, y), x, y 均属于 $(0, b)$，这里 b 大于正方形的边长,在正方形内描出坐标点 (x, y).多次重复这个过程,假设到某一步时落入不规则图形中的点数为 a_m，而落入整个正方形中的点数为 m.由俄罗斯著名概率论专家柯尔莫哥洛夫建立的大数律的理论可知:如果落入不规则图形和正方形中的点 $(x,$

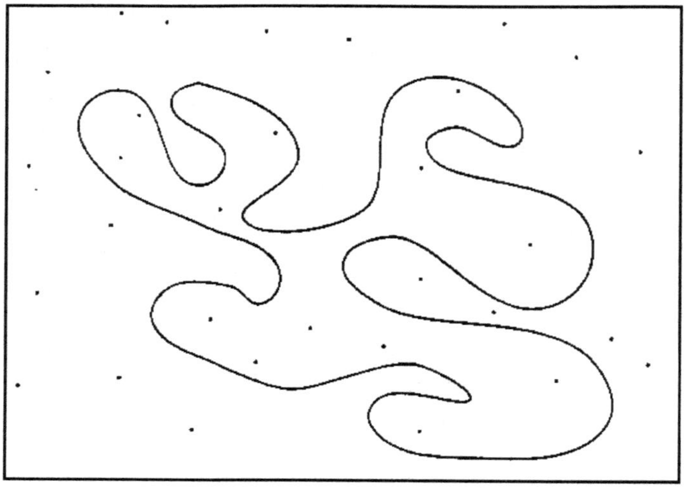

$$\frac{\text{不规则图形面积}}{\text{正方形面积}} = \frac{\text{落入不规则图形内的随机点数}}{\text{正方形内随机点总数}} = \frac{a_m}{m}$$

图1.2 如何求不规则图形的面积——蒙特卡罗法或模拟法

y)真正是随机选取的，则当 m 值相当大时，比值 a_m/m 趋向于不规则图形面积与正方形面积的真实比率.这种方法的成功(或精确性)取决于随机数产生器的可信度以及在给出的条件下可产生多少有关的随机点数.图 1.2 表示利用随机数估计不规则图形面积的一个简单例子.

由大数律：当 n 趋向于无穷大时，$\frac{a_m}{m}$趋向于真实比值.

在卡·皮尔森的指导下，他的一些学生利用这个方法得到一些非常复杂的样本统计量的分布.但是，除了印度统计研究所的教授马哈拉诺比斯(Mahalanobis)外，当时这些方法并没有被其他人马上理解.马哈拉诺比斯利用蒙特卡罗技术，他将其称之为随机抽样实验，用来解决各种问题，如调查研究中最佳抽样设计的选择；实验中最佳实验单位大小以及形状的选择等.对这个方法的潜在能力没有及时认识的原因或许归咎于缺乏有效装置来产生真正的、足够多的随机数，这两者均会影响结果的精度.而且由于不存在生成随机数的标准装置，学术杂志的编辑们对发表含有模拟结果的文章也很勉强.今天，随着可信赖的随机数生成器的出现以及使用的方便，情形已彻底改变了.我们能够对复杂的问题进行调查研究，并至少可给出实际应用的近似解.杂志的编辑们对投稿的每篇论文即使是给出了解析的精确结果，也坚持要有模拟结果.实际上，统计学的研究，或许也像其他领域一样，研究的整个特点随着更强调“数值逼近方法”而在逐渐改变.其中典型的例子是统计学中由埃弗龙(Efron)倡导的“自助法(bootstrap method)”①，这个方法已经非常普及.读者自己也可利用随机数来进行研究.

1.2.3 抽样调查

随机数的第 2 种用处，也许是最重要的一种用处，是在抽样调查和实验中被用来生成要处理的数据.考虑一个由大量个体组成的总体，我们希望调查这个总体的人均收入. 如果要完全计算，即要从每个个体获得的信息来处理数据，不仅花费时间和财力，而且一般来说，为了要得到正确的数据其组织工作也是很困难的，这种方法并不理想.相对于此，如果只从一个小的群体(少数人的抽样)收集数据，则会更迅速有效而且容易控制，因而可保证数据的精确.这时产生的问题是：

---

① 自助法是从总体大小为 n 的样本中，有放回地抽取大小为 n 的再生样本，再依原统计量的函数形式，对于此再生样本计算得到一个新的统计量值，称为自助统计量值(bootstrap value).重复上述过程多次，这些自助统计量值的经验样本分布可以用来估计原统计量的分布，从而进行统计推断.这种方法的主要特点是利用了现代计算机的高性能、高速度，比蒙特卡罗方法应用面更广，解决问题的能力更强.参见 B. Efron:“Anintroduction to the bootstrap”. New York, Chapman & Hall, 1993.——译者注

应该如何来选择样本个体，使其提供的数据能使我们得到平均收入的一个有效而又公正的较为准确的估计量.一种答案是利用随机数进行简单的抽签方法.首先把所有的个体标上序号1，2，3，…，然后在1到N(N为个体的总人数)的范围内产生一定量的随机数,选择这些随机数所对应序号的个体作为样本,称之为个体的简单随机样本.从统计学理论可知，由这个随机样本得到的个体平均收入将随样本量增加而接近于个体平均收入的真值.实际中，样本量的大小可以由所要求的精确度的界限来决定.

1.2.4 试验设计

随机化是科学实验的一个重要方面,例如，为治疗某种疾病如何设计一种检验来验证药A比药B有效，或者在给出的不同稻谷的品种中，如何确定其中哪一种为产量更高的品种.这些实验的目的是生成一些数据，使能够对所考虑的处理方法做出有效的比较.最初提出实验设计这个新课题的是统计学家费歇.他证实了，在医药实验中随机地把药A和药B分配给参加实验者，在农业实验中随机地把若干个品种播种到各个实验田里，能够生成有效数据来进行各种处理方法的比较.

1.2.5 通讯的秘密化

在密码学,或者使用密码传送文件以及为个人银行存取业务保守秘密之中均需要大量的随机数.

在保守机密显得极为重要的高层次的外交和军事通信中,秘密化就是要使任何非法接通通讯网的人所能得到的仅仅是一些看似随机组合的数列.为达到此目的,首先要生成仅有发报者和收报者知道的被称为密码的一串二元随机数列.发报者先把要发送的内容转换成一串二元数列，按通常的方法把每一字符转换为标准的8比特的计算机电码(例如字母a转换为01100001).然后发报者在密码串下面对应写出要发送的讯息串,再得到一个电码化后的字符串,即可以在所有电码比特为1的下面进行转换而在0下面保持不变.这样电码化后的字符串传送时看起来仅仅是一个随机的二元数列.收报者收到所传送的内容后,利用已知的密码由同样的方法解密.下面为一个例子：

密　码	0 1 0 0 0 1 1	随机列
传送内容	1 0 1 1 0 0 1	发报者的讯息
秘密化后的内容	1 1 1 1 0 1 0	传送的讯息
密 码	0 1 0 0 0 1 1	同一随机列
解密后文件	1 0 1 1 0 0 1	接受者收到的

银行利用基于随机数的密码来保证现金取款机进行交易的保密.为达到此目的,首先产生随机数列作为一个把讯息转换为电码的密码，仅仅在知道密码的情

况下才可解密.然后把密码传送给中央计算机和现金取款机，两个装置自由地利用电话进行信息通讯而不必担心被窃听.当接到现金取款机传送过来的客户的账号和他要求支付的现金总额时，中央计算机验证客户的账号和现金收支记录后再指示现金取款机是否可以支付现金给这个客户.

1.2.6 随机性作为建模的一种工具

在解决各种统计问题中,对随机数的早期利用，已经为把随机数用于模型构造和预测开拓了道路.已发展构建了这种模型的领域包括天气预报、预测商品消费需求和住房、医院、学校、交通设施这样一些社会服务设施的未来需求等等.曼德伯柔特(Mandelbroat，1982)提出利用随机断片来构造诸如一个国家不规则的海岸线以及自然界物体不规则形状的复杂曲线模型.

1.2.7 随机数应用于解决复杂问题

随机数的某些现代应用开拓了对随机数发生器的大量需求,其用于解决一些诸如巡回推销员的路径那样的复杂问题,即必须确定一条最短的路线使推销员由给定的出发点开始，经过一系列必须去的地方后再返回到出发点.

另一个有趣的问题是国际象棋的程序化.尽管国际象棋是一个具有完整信息的游戏,但人工智能(AI)程序常常结合随机移动棋子的方法来避免游戏的过于复杂.

随机数以及随机性概念应用的范围似乎是无限的.

1.2.8 对随机数列的误解

随机数没有特定的形式，但又包含着所有的形式,随机数这样一个有趣的性质就像印度教对神的概念一样.这就是说，如果我们在严格的意义下不断产生随机数，无论给出什么样的数的形式，这个形式迟早总会出现.因此，如果不断投掷硬币，在某一时刻会连续出现 1000 次正面,而我们不会感到惊奇.如果我们有只聪明的猴子并让它不断地打字，在一个有限但相当长的时间内，它应该能打出莎士比亚的所有作品.(《哈姆雷特》一剧共有 27 000 个字符和空格,打字机打出这个剧本的可能性，粗略的说为 10^{-41600}.这个数字给我们一个概念，即发生这样的事我们需要等待多长时间.)

无特定的形式却又包含一切形式的随机数列的这个性质已经使人产生了一些误解,甚至包含哲学家那样的人.波利亚(Polya)的一段有关一个医生的趣闻例证了一种被称为“赌徒误解”的说法.这个医生安慰他的病人说：

> 你患了一种非常严重的病，患这种病的人只有十分之一能活下来.但是你不必担心.你到我这儿来看病是十分幸运的，因为最近有九个患

你这种病的人到我这儿来治疗，他们都去世了.

德国哲学家马比(Karl Marbe, 1916)就非常坚持这种观点.基于他调查的巴伐利亚州的4个城镇200 000个人的出生记录，他总结到：如果过去几天连续出生的女婴相当多的话，就会增加一对夫妇得到男婴的机会.

另一种与马比的统计安定论类似的观点是另一个哲学家斯特任格尔(O. Sterzinger, 1911)提出的“累计理论”. 这一观点形成“链法则”,或者说同一事件在短时间内容易连续发生这一趋势的理论基础.生物学家卡默雷尔(P. Kammerer, 1919)把这种观点公式化了.谚语说“祸不单行”，人们总是真诚地接受这个观点并用于一切场合.纳利卡(Narlikar, 1982)教授在印度统计研究所第16届学位授予典礼的致辞中提到了由上述误解所引起的霍伊尔(F. Hoyle)和赖尔(M. Ryle)之间的争论.纳利卡教授提到他的模拟或蒙特卡罗实验显示,一个稳定均匀的系统可以按一定的频率展示出某些局部的不均匀性(即相同的现象在短时间内连续发生).因此，赖亚对放射源密度中不均匀性的观测结果与霍亚的宇宙稳定状态的理论并不矛盾.

再让我们来看看另一个例子.大多数动物种类的存活总数大致是以3年为一周期的，也就是说，某种动物存活总数相邻的两个高峰年的时间间隔平均约为3年(这里所说的高峰年,定义为与前后年相比动物总数最多的一年).这种现象的普遍存在使很多人相信或许已发现了自然界的一个新法则.不过,如果注意到当等间隔地描述随机数,随着随机数序列变长其相邻两个高峰间的间隔接近于3时,这种确信会遭到致命的一击.实际上这一性质很容易被下述事实所证实：任给三个随机数的集合中，中间一个数比其余两个数大的概率为三分之一. 这就给出了上述问题中两个高峰年的平均时间间隔为3年.

1.2.9 对敏感问题的随机反应

应用随机性的另一个有趣的例子是对敏感问题的真实回答.如果我们提出这样一个问题：“你吸大麻吗?” 恐怕我们得不到正确的答案.对此，我们的另一种做法是列出如下两个问题(其中一个问题是无关紧要的)：

S：你吸大麻吗?

T：你的电话号码的末尾数是偶数吗?

然后要求被提问者投掷一个硬币，出现正面时要求正确回答S,出现反面时要求正确回答T.这时提问者并不知道被问者回答的是哪一个问题,这个信息是保密的.从这些得到的答案可做如下估计推算出吸大麻的人所占的真正比例.设：

$\pi=$ 吸大麻的人的比率，是未知的要估计的参数.

$\lambda=$ 电话号码末尾数为偶数的人的比率，已知.

$p=$ 回答“是”的人的比率，已知.

由上可得：$\pi+\lambda=2p$，由此推出 λ 的估计值为 $\hat{\pi}=2p-\lambda$.

1.3 从决定论到无序中的有序

下面来谈谈正在通过随机性的概念来加以解决的一些更基本的问题.这些问题涉及到宇宙间模型的构造，以及自然界法则的形成.

在过去很长一段时间内，人们相信所有自然界的现象都明显地带有预定的特点,其中最极端的表述可以在拉普拉斯(Laplace, 1812)"数学神灵"的思想中发现."数学神灵"被赋予具有无限的数学演绎的能力,如果在某一时刻他知道刻画当时状态的所有量度时，这个神灵就可预测未来世界将要发生的一切事件.就如我已提及的，从史前或有史以来，决定论已在人类思想形态中根深蒂固.作为一个概念，决定论含有两方面的意义.广义上讲，决定论无条件相信形式逻辑作为对外部世界认知和描述的工具是万能和有力的.狭义而言，它则是一种信仰，相信世间一切现象和事物均是服从因果规律的.更进一步来看，至少在原理上决定论坚信对因果律这一类法则的发现是可能的,人们对世界的认知均是由这些因果律演绎而成的.然而,直到19世纪中叶人们才认识到寻求自然的决定性法则在逻辑上和实际中的困难,从而开始了对基于偶然性结构的可替代模型的研究.

拉普拉斯的数学之神的另一方面的考虑与系统的初始状态的知识有关.众所周知：由于存在测量误差，很难准确了解系统的初始状态(即不带误差时的状态).在这种情形下，便存在着由初始状态下的微小差别而导致对系统未来状态预报的极大差异的可能性.洛伦茨(Lorenz) 1961年所描绘的几乎由同一时间点开始的两个长期气象预报模式，给我们提供了一个典型的例子.图1.3是从格雷克(J.

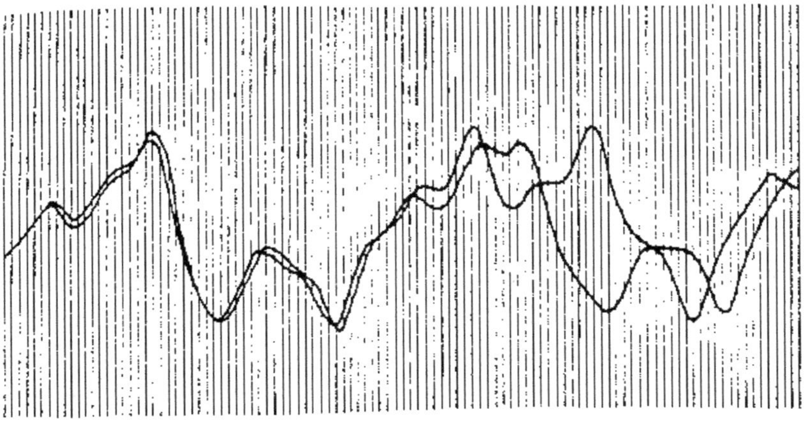

图1.3 洛伦茨的气象模式图:显示几乎由同一状态出发,差别渐渐增大

Gleick)的《混沌》(1987)一书中转载的.它显示了在相同的规律下气象模式如何由同一状态开始，即由测定值0.506 217四舍五入到0.506开始，差别渐渐增大，直至所有相同点消失掉.这种敏感地依赖于初始状态的现象被称之为“蝴蝶效应”——这个观点即是，今天在北京上空飞翔的一只蝴蝶，下个月能在华盛顿制造出一场风暴.

在3个不同的调查领域内几乎同时产生了3个重要发展，而这三个发展都是基于随机性是自然界固有的这个前提之上的.凯特勒(A. Quetlet，1869)利用概率论的概念来描述社会学和生物学现象.孟德尔(G. Mendel，1870)通过简单的随机性结构，如投掷骰子，公式化了他的遗传法则.玻尔兹曼(Boltzmann，1866)对理论物理中最重要的基本命题之一的热力学第二定律给出了一个统计学的解释.这些伟人所提出的这些思想观点是自然界的一场革命.虽然他们这些观点在当时并没有被立即接受，但在20世纪内所有这些利用统计学概念的领域都有了迅速的发展.

在物理学中引入统计概念是由处理天文学中的测量误差的需要而开始的.伽利略[①](Galileo，1564～1642)发现，即使是在相等的条件下，重复测量的值也有变化.他强调说：

测量，重复测量，再重复测量，就能找出误差，以及误差的误差.

大约200年以后，高斯(Gauss，1777～1855)研究了测量中误差的概率法则，提出了综合多个观测值来估计未知量的最佳方法.

此后的一个阶段，统计思想虽用于调整初始状态下的不确定性以及一系列不可控制外来因素的影响，但物理学的基本法则仍以决定论为先决条件.

当利用概率论术语来描述基本法则自身，特别是基本粒子的微移动时，物理学才产生了本质上的变化.随机行为被认为是“大多数事物的通常作用以及它们的模式所应有的、不可缺少的部分.”为了解释所给系统的这种随机行为而构造了统计模型.作为这种模型的例子，我们可举出布朗运动，放射性物质所引起的闪烁，海森伯(Heisenberg)的不确定性原理，具等质量分子的麦克斯韦速度分布等等，所有这些都为当今的量子力学开拓了道路.人类思维方法的这种变化由著名物理

---

① 伽利勒·伽利略(Galileo Galilei)——不是以姓，而是以他的名字而闻名于世的意大利天文学家，数学家和物理学家，被称为现代实验科学之奠基人.他的名字与摆动法则，月亮的凹凸表现，太阳黑子，木星的四颗明亮的卫星以及望远镜的发明等著名发现相联系在一起.这些发现和发明使伽利略确信哥白尼(Copernicus)的“哥白尼学说”，即地球以自身为轴，绕着太阳自转是真实的.但哥白尼学说当时是与教会的教义相矛盾的，由宗教裁决，伽利略被强迫撤回了他的观点.有趣的是，我们注意到，几年以前现任的罗马教皇，基于他手下的一个委员会提交给他的报告，赦免了伽利略的罪名，撤销了教会早期所作出的裁决.

学家玻恩(M. Born)简洁地表述为：

> 我们已经看到传统物理学如何徒劳无益地力图使大量的观测结果与基于由日常经验导出但已上升为形而上学的因果论的先验概念一致；如何徒劳地抵制随机性的侵入.今天，次序已经颠倒过来了：随机性已经成为一种基本概念，表示定量法则的一种技术.而且，在通常的经验范围内，涉及因果律及其属性的绝大多数的结果，均可由统计学的大数定律来圆满地加以说明.

另一著名物理学家埃丁顿(A.S. Eddington)做了更进一步的阐述：

> 近年来，物理学预期中某些最伟大的成就被公认是源于统计学法则,而并不是依赖于因果律. 而且，迄今作为因果关系所接受的某些重要的法则经过仔细研究后，可认为这些均是具有统计学特征的.

很多科学家并不欢迎用统计学法则取代决定论法则的概念，其中甚至包括我们这个时代最聪明的科学家爱因斯坦.直到他人生的最后时刻，爱因斯坦仍坚持：

> 我十分坚信,最终会有人发现一种理论，这种理论与各种法则相关联,但它所研究的对象不是概率意义上的而是被尊重的事实.迄今仍认为存在这种理论,然而，我的这种确信并不能基于某种逻辑推理，只能以我个人不多的经验来说明.这就是说,我没有能力提供这个理论,去评价我自身范围之外的任何事物.

但是，十分让人惊奇的是,爱因斯坦接受了由玻色(S.N. Bose)提出的分子的随机行为的考虑，并由此产生了玻色-爱因斯坦理论.

(就像原子和分子的个体游动一样,）尽管单个水平下的游动存在不确定性，但对大量个体活动的平均行动来说，我们可以观察到某种稳定性，即会出现“无序中的有序”. 概率论中存在被称为大数律的命题，这个命题解释了这种现象.大数律断言,一个系统中多个个体平均行为所显示的不确定性将会随着个体总数的不断增加而逐渐减少,因而可以把这个系统作为一个整体,其表现的几乎是决定性的现象.“越多越保险”这句名言，确实有一个很强的理论基础.

1.4 随机性与创造性

我们已经看到，在需要用概率术语来描述其自然法则的自然界中，随机性是固有存在的.我们讨论了在抽样调查和实验设计中如何首先运用随机性的概念去观测总体的一小部分，进而由此获取有关总体的信息.我们也看到如何引入随机性来解决推销员的巡回路程和其他诸如此类的复杂问题，在这些问题中虽有决定论的求解方法存在,但过于复杂.我们还研讨了如何利用随机数在通讯中保守通信机密.在发展新思想时,随机性起任何作用吗?或者说我们可以通过一种随机途径来解释创造性吗?

什么是创造性?创造性可以有不同的种类.最高水平的创造性是一种新思想和新理论的产生,这种新思想或新理论与任何已存在的结构有着本质的不同或是完全不一样,完全不能从已有的理论演绎而成,这种新思想或新理论可以比任何已知的理论解释更广范围的自然现象.另外一种不同水平的创造性是指在一个已存在法则范围内的新发现,但这种新发现在某个特殊的领域内具有巨大的意义.可以确认,这两种创造性均是新知识的源泉.然而两者之间存在微小的区别:第1种情形中,创造的是一种先验的思想,将由后来对事实的观察来加以验证;第2种创造性则是对现有知识在逻辑上的扩展.我们或许可以对第2种创造性的产生过程的背景做一些想像,而第1种创造性的产生却超越了我们的理解.拉曼纽扬①和爱因斯坦是如何创造出他们所做的工作?尽管他们对创造性有一些神秘的解释,我们却永远不会了解他们工作的实际过程.然而我们可以用某些方法来描述创造性的特点.

非常重要的发现决不是由逻辑推断和强化观测基础来得到的.显而易见,创造性的一个必要条件是让思维不受已有知识或成形的规则所束缚,让其能自由地思考.或许产生新发现之前的思考仅仅是一个模糊的形式,是随机搜索相互作用的一次成功.这种随机搜索可找出一些新的框架,与过去的经验和潜在的意识一致,从而缩小新发现可能产生的范围.克斯特勒(A. Koestler)在描述创造性的思维时说:

> 在发现的最后的决定性阶段,思考的内容漂浮在梦里、幻想中,盘绕着整个思维,此时思潮随着自己抑扬的情绪无拘无束地活动,明显地处于一种没有任何约束的状态.

当一个发现最初被公布时,在其他人看来会是没有任何意义,且看起来非常主观,实际上对爱因斯坦和拉曼纽扬的发现的反应就是如此.经过数年的实验和验证才认可了爱因斯坦的理论为一种新的规范,也许要经过半个世纪才能认识到拉曼纽扬那个看起来很离奇的公式具有深奥和意义非凡的理论基础.关于随机思维、随机性在创造性中的作用,霍夫施塔特(Hofstadter)作了如下评论:

> 众所周知,随机性是创造性不可缺少的因素.……随机性是人类思维中内在的特征,不是通过赌博、衰减原子核、随机数表或其他你所知道

① 拉曼纽扬(Ramanujan),印度著名数学家,被称为是亚洲神秘的数学天才.他留下了大量的公式和定理,但均无证明.本书附录B给出了拉曼纽扬的生平.读者还可参见J. R. Newman所著"Ramanujan". science, American, 1970.——译者注

的来人为培植的.如果认为随机性就是随心所欲的话,则是对人类创造性的侮辱.

或许,随机思考是创造性的重要成分.但是如果把它作为惟一的因素,则各种不重要的推断都会像蜘蛛网似的罩在前面,速度之快会使逻辑推导难于与其同步.所以我们要求其他的因素,如细致的心理准备,对重要的有显著意义的问题的判断能力,迅速领悟什么样的思想能够产生丰硕的结果.最重要的是要具有一定的信心去追踪研究困难的问题.最后一个方面是当今很多科学研究中所缺乏的,关于这一点,爱因斯坦曾强调:

我丝毫不能容忍某些科学家,他们取一块木板在上面寻找最薄的部位,在那些容易打孔的地方钻开无数个孔.

我已经提到爱因斯坦和拉曼纽扬是我们这个时代两位具有创造性思维的伟大思想家,或许了解一点儿有关他们创造性思维的过程是有趣的.有人问到爱因斯坦关于创造性思维的问题时,爱因斯坦这样回答:

任何写出的、讲过的词汇或语言在我思考的结构中似乎不起任何作用,作为思维元素存在的物质实体似乎是某些符号,和一些或明或暗的想像,这些想像被'随心所欲地'再生和组合.……这种组合性的思维活动似乎是创造性思维的基本特征——这种思维活动产生于存在一种能用文字或其他符号来与其他人交流的逻辑性结构之前.

爱因斯坦研究的是科学中的一个重要分支——物理学.一个科学理论只有当在现实世界中建立起它的实际应用之时才是有价值的.但是这个科学理论在它产生的初期,是由强烈的信心而不是由演绎或归纳推导来支撑的.这个观点反映在爱因斯坦的关于神的旨意的格言中:

神是狡猾的,但是不怀恶意.

拉曼纽扬是研究数学的,按著名数学家维纳(Wiener)的说法,在严格的意义下数学是一门精美的艺术.一个数学定理的有效性是就它严格的证明而言的.就像数学家要让人们相信的那样:与其说定理本身不如说它的证明是数学.对拉曼纽扬而言却只有定理或公式,这些定理或公式的有效性是基于他的直观或信念的.拉曼纽扬以极美的艺术品的形式记录下他的公式——他说这些公式是上帝在梦中赐给他的,一个方程除非可以用来表达上帝的一个旨意,否则对他来说就是无意义的.上帝、美和真理这三者被认为是等同的.如果拉曼纽扬不相信这一点,我们就不会有拉曼纽扬了.

拉曼纽扬生前最后一年在一本笔记中留下了大量的定理.这个笔记本几年前刚被发现,其中记载了大量的猜想.下面是其中之一:

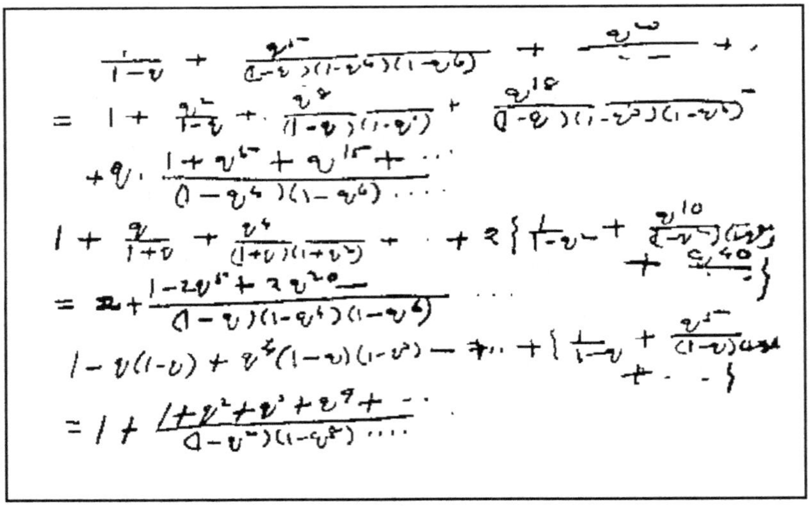

拉曼纽扬《补遗杂记》一书中的某个猜想(公式)

让拉曼纽扬的《补遗杂记》一书与世人重新见面的 G. 安德鲁斯(G. E. Andrews)教授①告诉我,上面公式的前三行(被称为虚 θ 猜想)最近已被宾州州立大学的希克森(D. R. Hickerson)证明了.

参 考 文 献

Boltzman, L. 1910. Vorlusungen Uber Gastheorie. 2 vols, Leipzig

Efron B and Tibshirani R J. 1993. An Introduction to the Bootstrap. Chapman & Hall

Gleick, James. 1987. Chaos. Viking, New York, p.17

Hull TE and Dobell. AR. 1962. Random Number Generators. SIAM Rev. 4, 230

Kammerer P. 1919. Das Gasetz der Serie, eine Lehre van den Wiederholungen im Labensund im Welteshehen, Stutgart and Berlin

Laplace PS. 1914. Essai Philodophique de Probabilities. reprinted in his Theorie analytique des probabilities (3rd ed. 1820)

Mahalanobis PC. 1954. The Foundations of Statistics. Dialectica 8, 95～111

Mandelbrot BB. 1982. The Fractal Geometry of Nature. W. H. Freeman and Company, San Francisco

Marbe K. 1916. Die Gleichformigkeit in der Weit. Utersuehungen zur Philosophie and Positiven Wissenschaft, Munich

---

① G. E. Andrews 编辑《补遗杂记和其他未发表的文章》, Ramanujan A. Srinivasa, 1887～1920. 新德里, 1988.

Mendel G. 1870. Experiments on Plant Hybridization (English Translation). Harvard University Press, Cambridge, 1946
Narlikar JV. 1982. Statistical Technique in Astronomy, Sankhya 42, 125～134
Quetelet A. 1869. Physique Aociale ou essai sur le Development des Faculties de l' homme. Brussels, Paris, St. Petersburg
Sterzinger O. 1911. Zur Logic and Naturphilosophie der Wahrscheintichkeitslehre, Leipzig
Tippett LHC. 1927. Random Sampling Numbers. Tracts for Computers, No. 15 Ed. E. S. Pearson, Camb. Univ. Press

附:讨论

A.1 偶然性和混沌

在一次有关本章内容讲演后的讨论中，有人问我关于混沌的问题,混沌一词是用来描述“像随机”那样的现象，以及它与偶然性和不确定性研究的关系.我的回答如下.

所谓偶然性是用来描述彩票中抽奖数字那样的随机现象的.如果这样产生的数列变长就会显示某种规律，这个规律可由概率计算来解释.另一方面，人们观测到由一确定程序产生的数字,整体规则之中可以显示出局部的像随机那样的行为.过去 20 年来科学家们已经开始研究后一种类型的现象，并把此现象称为混沌.这是对复杂的轮廓和形状,如云的形式、乱气流、一个国家的不规则的海岸线模型化的一种新途径，甚至可以用简单的数学方程式来解释股票市场价格的变化.这种类型的思考方法与采用偶然性结构去描述一个系统的结果有些不同.偶然性是研究无序中的有序，而混沌是研究有序中的无序.它们都适用于观察现象的模型化.

由于爱德华·洛伦兹发现的所谓“蝴蝶效应”,或者是说一个系统敏感地依赖于它的初始条件，混沌的研究开始引人注目.在长期的气象预报中，洛伦兹观测到预测公式中输入的初始测量的某些微小误差，在预测结果时可能扩大为很大的误差.曼德伯柔特所提出的分形几何学是用来描述一类大小不同、但变化相同的轮廓形状的.利用曼德伯柔特的分形几何学，可以解释我们在自然界中所发现的那些“参差不齐的、紊乱的、断裂的、扭曲的和破碎的”形状，如雪花片的形状，一个国家的海岸线等等.费根宝(M. J. Feigenbaum)基于迭代函数

$$x,\ f(x),\ f(f(x)),\ \cdots$$

发展了一种奇妙的有魅力的概念，提出了对描述诸如流体乱流等若干物理现象的一个正确的模型.

科学家们所谈论的混沌，其本质是数学.由于使用计算机,对混沌的研究已成

为可能而且具有吸引力.这是一种爱好而且回报不菲,它为通过确定性的模型来模式化自然界中所观测到的现象开创了新方法.

一个有趣的例子是由著名的数学家卡克给出的(参见他的自传《偶然性之谜》(Enigmas of Chance),74～76页,1985年,纽约).这个例子显示了如何用确定模型的图形来模仿一个随机结构的轨迹.为了检验在一个含有空气容器中漂浮着的水晶纤维上微小镜面的布朗运动的斯莫鲁切斯基(Smoluchowski)理论,1931年开普勒进行了一个有创造性力的实验,从而得到了微小镜面运动轨迹的照片.下图为每30秒产生的轨迹的一例.

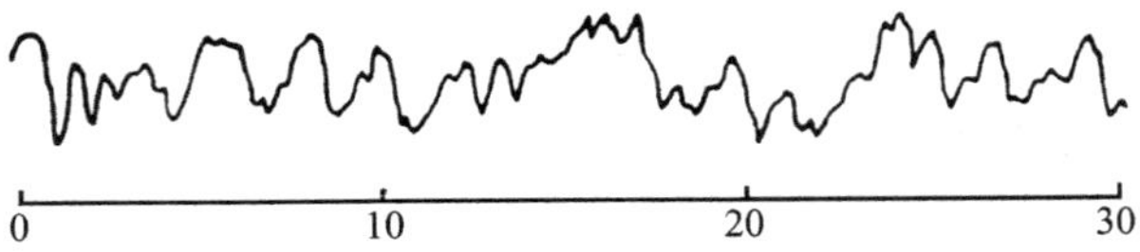

时 间(秒)

在观察这个图形时,卡克评论到:“很难摆脱这样的印象,即这就是偶然性具体化的表现,而且只有随机化结构才能产生出这样的轨迹.”开普勒的实验可用来验证斯鲁莫切斯基的理论,空气的分子随机地碰撞镜面,实验所给出的镜面移动的图形具有平稳高斯过程的特征.

卡克证明,只要 n 足够大,并适当选取数列 $\lambda_1,\lambda_2,\cdots,\lambda_n$ 和尺度因子 α,则函数

$$\alpha\frac{\cos\lambda_1 t+\cos\lambda_2 t+\cdots+\cos\lambda_n t}{\sqrt{n}}$$

的描点图形无论通过什么统计分析,都不能证明它与开普勒图形有任何区别.卡克提出:到底什么是偶然性?

A.2　创造性

印度统计研究所所长戈士(Ghosh)博士给我如下的评论.

“关于创造性,总是存在着某种神秘和令人敬畏的东西.在20世纪里,没有比对拉曼纽扬的工作更具有神秘感和敬畏感的了.创造性行为即新思想和新发现,考虑到创造性中这种神秘因素的本质,劳教授正在思考随机性是否是创造性的一个重要部分.事实上,为了理解创造性,劳教授提出了一个新的尝试性的构想.这里,让我引用他的原文:‘显而易见,创造性的一个必要条件是让思维不受已有知识或成形的规则所束缚,让其能自由地思考.或许产生新发现之前的思考仅仅是一个模糊的形式,是随机搜索相互作用的一次成功.这种随机搜索可找出一些新的框架来,与过去的经验和潜在的意识一致,从而缩小新发现可能产生的范围.’或

许，甚至随机搜索本身也是下意识的.已经多次证明很多创造性的工作是在一种下意识状态下完成的,一个极好的说明是哈德马德的“论创造发明的心理学”(Hadamard, J.选自《数学领域》一书,普林斯顿,Dover,1954).但是，通过概率论的论述来度量随机性和不确定性概念是极好的附加假设.哈德马德的文章中含糊地提到了偶然性，但是没有引起太大的注意.可能，这是通过对拉曼纽扬的几乎是魔术般的令人眼花撩乱的能力的审视,以及对随机性和不确定性巧妙地加以总结，劳教授给我们引出的中心议题.下面的论述都紧扣着这一主题.

在我看来，当人们在做归纳式的跳跃或者身处重要的学习过程中时，总是存在具有魔术般的创造性的因素.由此可以得到两个结论.第1，尽管有很多努力，特别是维因(Viennese)学派的努力,但至少有关创造性的神秘性的一部分是与缺乏对归纳法的适当的哲学基础有关的.这些努力均被轻薄地描述为就像妄图要从一个非常小的口袋中取出一只大猫.第2，对创造性的神秘感也是与对人工智能的学习缺乏满意的模型有关.鉴于此,这里值得提出第3点.据我所知，对学习的模型，至少是适合学习的模型，仅有随机模型(概率模型).这样看来劳教授的构想确实是有才气的，但是这样的模型化在逻辑论述上还没有达到一定的程度.如果有人试着利用计算机来进行创造性的工作，即模拟创造性,我认为这是目前惟一可行的方法.我想,利用计算机所产生的音乐是否就属于这一类型.

然而，这样的模型要达到怎样的程度才是满意的、能够说明问题和可以接受的呢?关于这一点，我想提及一下希尔伯特的数学观点.今天，作为数学基础被完全理解并熟知的是希尔伯特的有限形式主义学说和哥德尔的不完全性定理①.(存在一些乐观的例外，如参见 Nelsen,Sankhya，A，1985.) 就像归纳法一样,由于过于复杂,创造性难以产生诸如不完全性定理这样的结果.这里谈到的不完全性仅仅指的是在严格定义的算法之上的.然而，人们也可能找出这样的例子来说明在某种意义下,给定的模型是反直观的.这时，与“反例”一起考虑这个模型会帮助人们更好地掌握被模型化的事物的本质.我认为关于劳教授的构想的反例是存在的,作为一种辩证,这里仅引用劳教授本人所引用过的爱因斯坦的一段叙述:“然而，我的这种确信并不能基于某种逻辑推理，只能以我个人不多的经验来说明.”戈士博士结束他的评论时说:“‘我不知道我的这种关于创造性的观点是否是属于波帕流派的.我也不知道波帕关于科学的观点是否足以用于创造性.’”

我感谢戈士博士对很有争议的创造性概念提出的一些基本论点.我把自己关于创造性的回答限制在科学方面，这也许不同于音乐、文学和艺术中的创造性吧

① 哥德尔,奥地利数学家(1906～1978).1931 年证明了形式数论不完全性定理,否定了希尔伯特学说的某些设想,对自然数集上递归论的产生和发展有重要影响,并有重要的哲学意义.——译者注

(见 Chandrasekhar,“莎士比亚、牛顿和贝多芬的创造模式”,Nora and Edwary Rayerson 讲座,1975).在科学方面,迄今为止所做的研究大部分只是在完成工作的水平上,或是堵塞一个漏洞,或是填补一个坑.研究中只占很小比率部分可被认为具有创造性,而且这部分研究本身具有两种水平的高深程度:一种是在已存在框架范围内的;另一种具有更高的水平,涉及到现有框架的变动.也许人们还不能完全了解这两种水平的创造性过程的结构,但一般可以认识到有关这个结构的几个方面:思想不受逻辑演绎过程束缚的潜意识思维,偶然的发现,把某个领域内已有的经验移植到乍看起来不同的领域,甚至对美丽和时尚所具有的美感.下面引用一些关于创造性的论述.

为了进行发明,人们必须抛开旧有的去思考.

索力奥(Souriau)

人们有时所发现的并不是他们要寻找的.

弗莱明(A. Fleming)

我没有刻意寻觅而是去发现.

毕加索(Picasso)

我的工作总是试图把真实和美揉合在一起;但是当我不得不选择其中之一时,我通常选择美.

魏尔(H. Weyl)

很早以前我就知道那些结果,可是我不知道怎么才能得到它们.

高斯(J. Gauss)

我不做任何设想.

牛顿(I. Newton)

我已经说过了,科学没有信念不行.……归纳的逻辑,即培根的逻辑,与其说是我们可以证明的,不如说是我们可以基于此而行动,而所基于的行动是信念最高的断言.……科学是人生的一种方式,仅当人们自由地具有信念之时才可繁荣.

维纳(N. Wiener)

由上述所引用的论述可知,在创造性科学的最初始阶段存在着某种神秘因素.一些哲学家已经讨论过创造性的基础,但是并没有过多说明这种神秘因素.

针对戈士博士提到的波帕的观点,我想做如下说明,波帕关于科学假说单纯是一些猜测的论述,只能解释为他是指由观测得来的事实所得到的假设没有明确的算法.波帕的论点,即一个假设不能被接受就只能是捏造的,或许含有很深的哲学意义,但在严格的意义下这种说法是不当的.事实上,科学法则被成功地应用于实际.波帕并没有附上任何关于如何形成假说的重要性.或许是因为即使提出这样的问题也没有逻辑性的答案吧.

我相信,影响科学的那些科学法则并不是仅仅建立在已有知识之上或是从已有知识归纳的.用萧伯纳(George Bernard Shaw)的话说,人们需要"想像那些不存在的事物,而且要问它们为什么不存在",人们需要这样的创造性智慧的火花.我曾提议把随机思考作为创造性的要素.人的大脑为解决某个问题而密集活动的阶段,"这时所有的脑细胞都伸展为极限状态",脱离惯例思想的随机思考或许是要找出最可能解所必须的.这并不意味搜索一个解是从有限个可能的解的集合中通过随机检验并纠错来得到的.创造性过程中,所谓可能的解事先是未知的,而且也可能不是有限个.我这里提到的是创造性过程的最后阶段,这时基于先前选择所得到的知识逐步进行最佳选择,缩小可能搜索的范围直到相信出现一个合理的选择.这是一个逐渐驱散黑暗的过程(或许是一个随机过程),而不是要从可能的几扇窗户中选择打开哪一扇使其能射入最多的光亮.然而,有些科学家相信计算机能够用于创造新知识.

创造性到什么程度能够被机械化、程序化呢?在科学发现的背景里,一些实验研究已经说明,一个科学发现,无论它是否是一次革命,都是在正常问题解决的过程中出现的,并不包含诸如"创造的火花"、"才气的闪现"和"突然的洞察力"一类的神秘成分.既然如此,人们就可以相信创造性是信息处理的结果,因而可以程序化.

最近由 Pat L, Herbert A S, Gary L B 和 Jan M Z 出版的一本名为《科学发现》(创造过程的计算机探索,MIT Press,Cambridge,1987)的专著讨论了发现的分类,以及以信息处理为目的,在"发现问题"、"相关数据的识别"和"由启发式来进行选择搜索"等涉及创造性主要因素方面讨论了编写计算机程序的可能性.他们给出了几个例子来说明过去时代的几个主要发现,在仅利用这些发现当时的信息和知识条件下,能够由计算机程序更有效地再现其结果.作者们希望,他们用于解决问题的理论将提供探索可能引出新的研究领域甚至结构变动那样结果的程序.作者们在结尾时谈到:

> 我们愿意想像那些伟大的发明家,那些我们正在试图理解他们行为的科学家们会高兴我们把他们的活动解释为正常的(虽然是高质量的)人类的思考.……科学所关心的是既存的世界,并不关心我们所希望的世界如何.因此我们必须在无休止的总是保持魅力的启发式搜索中不停地进行新的实验,获得新的证据的引导.

爱因斯坦对于科学的本质提出了类似的观点:

> 仅有纯粹逻辑性地思考并不能使我们产生经验世界的知识.所有实际的知识是从经验开始并以经验结束的.由纯粹逻辑性所得到的那些命题实际上完全不存在.

但是,彭罗斯(R. Penrose)在他的《皇帝的新思想》一书中强调了思考在创造性过程中的作用:

> 由于那些不能由计算而由我们思考所得到真理的明确的事实,使我确信计算机决不能复制思考.

A.3 偶然性和必然性

讨论中提出了有关原因、效果和偶然性的产生的问题,归纳起来为:“你强调自然事件的不确定性.那么,如果事件的发生都是随机的,我们如何了解、探索和解释自然呢”?

我很高兴大家提出这样的问题.如果自然界中的事件完全不可预测地随机发生,则我们的生活将是无法忍受的.而与此相反,如果每一件事都是确定的、完全可以预测的,则生活将会是无趣的.现实中的每一现象是二者不规则的混合,(就像J·内曼经常所说的那样.)这使得“生活变得复杂但不索然无味”.

利用因果关系原理来解释所观测到的现象和预测将来的事件时存在着逻辑的和实际上的困难.

从逻辑上讲,这是因为我们最后所得到的结局是处在一个复杂的因果关系链上.假设 A_2 是 A_1 的原因,则有可能要问什么是 A_2 的原因.比如说是 A_3,那么,什么是 A_3 的原因呢…….我们有可能得到一个没有穷尽的链,而且在某个阶段要寻找一个原因会变得很困难,要人们在这个阶段上通过偶然性结构来模型化事件这在逻辑上甚至是不可能的.

实际中,除了非常明显的情形外,引起一个事件的原因会有无限多(或有限但大量的因素).例如,如果你想知道投掷一个硬币的结果是出现正面(头)或是反面(尾),那你必须了解有关的几个因子:首先就是要知道几个数字因子的大小,如投掷硬币的初始速度(x_1),硬币的大小测度(x_2),每次投掷硬币的力度(x_3),……,以及由这些因子所决定的事件(y),是头还是尾.然后还必须知道下面的关系:

$$y = f(x_1, x_2, x_3, \cdots)$$

如果不知道 f 的确切形状,如果所有因子 x_1, x_2, x_3,…的值不能确定,而且如果存在测量误差,那么就会产生不确定性.我们或许仅可以从某些因子上,假设 x_1, x_2, x_3,…,x_n 上获得信息,这迫使我们通过

$$y = f_a(x_1, x_2, x_3, \cdots, x_n) + e$$

来模型化结果 y,这里 f_a 是 f 的一个近似值,e 是由于 f_a 的选择以及缺乏对其他因子和测量误差的完全信息所引起的未知的误差.这时我们有必要通过一个偶然性结构来对选择 f_a 以及由此所带来的误差 e 所产生的不确定性进行模型化.

什么是偶然性?如何对它进行模型化?我们如何综合那些由已知原因所得到的结果和由未知原因可能带来的那些结果,去解释所观测的现象或预测将来的事件呢?当存在不确定性时,要“解释一个现象”和“预测一个事件”对我们来说意味着什么呢?的确,要回答这些问题存在着逻辑上的困难.如果我们模型化不确定性,则在模型化不确定性的过程中自然会产生模型化不确定性的问题.我们可以把这些哲学论点放在一边,而把对一个现象的解释作为一个可使用的假设(并不一定为真)并由此在可容许的误差范围内导出结论.

这方面最初的尝试是误差理论的发展,在解释结果(估计未知量以及验证假设)时必须考虑测量中的不确定性.其次就是由支配某个物理系统的偶然性法则来特征化所观测的现象.可能这是在人类思维和对自然界的了解中所取得的最伟大的进步.一个显著的例子是孟德尔的研究工作.距今120年以前,科学历史中是孟德尔第一个介绍了“非确定性的结构”.由观察受随机变动影响的数据,孟德尔奠定了遗传学即遗传结构的基础.孟德尔的思想,即“偶然性和必然性的交融——各个变化阶段的偶然性和可选择的必然性的交融”导致产生现代进化理论.同时打开了通过基本粒子的随机游动来解释物理现象的突破口.实际上,偶然性的概念已经帮助揭开了那些认为没有原因所产生的事件背后的神秘感.

更进一步,在任何给出的情形如日常生活、科学研究、工业生产或复杂决策中,我们已经学会处理所出现的偶然性.我们已经发展了各种方法从被偶然事件(噪音)歪曲了的通信中提取信号,通过反馈和控制(控制论,有自动控制系统的装置)来减少偶然性的影响.我们已经设计了与偶然性和谐共处的方法,尽管偶然性的影响存在,这些方法也能使我们有效地工作(使用误差修订符;为了获得一致性的估计量进行反复试验;引进冗余以便能容易进行识别.).所有这些最令人惊奇的是:我们已经能够利用偶然性(蒙特卡罗法,随机搜索)来解决那些其他方法难于解决的问题,以及能够利用偶然性来进行改良(利用繁殖程序的选择).为了提高机器的性能,技术人员在设计机器时有时会谨慎地结合进偶然性的因素.最反常的是:为了提供有效的和无偏的信息,在收集数据时(如样本调查和实验设计时),我们已经人为地导入了偶然性的因素.

对玩耍骰子的上帝主宰着宇宙的认可而产生的全部影响迟早会出现.如罗伊(R. Roy)在其专著《关于真理的实验》(Experimenting with Truth, p. 188)中所言:

> 为了使我们生活中一切能遵循‘正态分布’的铃型曲线,共同体和国家一级的社会计划必须进行不同的设计便对应相应的场合.

他认为,一个有远见的政治结果或许是废除由(自荐)候选人活动的选举过程,而由人民直接投票从那些有资格的人的集合中引入随机方法(抽签法)进行选择.

这里,我想引用世界上仅有的、设在俄罗斯的随机研究所所长拉舍特力金

(Rastrigin)在他著名作品《冒险,偶然性的世界》(The Chancy, Chancy World)中的一段话:

> 对引人注目的有关偶然性世界的研究仅仅才是一个开始.对发生种种奇异并具无限潜力的这个世界,到目前为止科学研究才仅仅掠过其表皮.但是,对偶然性这个无价之宝的发掘已经开始,现在还无法说是什么样的财富将被开发出来.然而有一点是确认的:我们将不得不习惯于思考偶然性,不是作为使人恼火的障碍物,也不是作为一种'对现象的非本质的附加物'(犹如某哲学字典所言),而是作为一种不能预知的具有最大胆的想像的有无限可能的源泉来加以认识.

如果我们要谈论自然界中任意合理的原理,则这个原理只能是偶然性:因为当偶然性与选择一起作用时,它便构成了自然界的"道理".没有偶然性,进化和改良都是不可能的.

A.4 模糊性

除了我们已经讨论过的偶然性和随机性以外,在解释观测数据时还存在着另一个障碍.这就是在识别物体(包括人、位置场所或事物)所属不同类别时存在着的模糊性.我是一个统计学家,还是一个数学家,或者是一个管理者?在不同的情形下我也许给出不同的答案.偶尔,我也许会说我是各占三分之一.当然,为了避免在交流思想和调查研究工作中引起混乱,最基本的是要尽可能准确地定义分类.但是,在引入概念和给出定义时,模糊性是不可避免的."根本的困难是,不存在神灵指明的方法来建立分类,也没有多少是由人来确定的."(Kruskal, 1978,私人谈话)我相信,数学中研究"模糊集"的需要是从物体分类识别的模糊性中产生出来的.

然而,有趣的是我们注意到列维(E. Levi)在他 1949 年出版的论合法推理的经典著作中,详细地写下了在法庭和立法中模糊性所起的重要作用. Kruskal (1978)从列维的书中引用了下列语句来加强上面的论述.

> 为了允许提出新的观点,法律过程中所用到的分类必须保留一定的模糊性.(第 4 页)
>
> 对一种法规来说,如果清楚地写明了它就完全可以不含模糊性而只可应用于某一特殊的情形,这仅仅是一种情况.然而,幸运的是,与判案法一样,法规和宪法中,都不可避免地存在模糊性.(第 6 页)
>
> [立法机关中的模糊性]不是像通常所言的是由于未成熟的法令的起草稿件…… 甚至在没有争议的情形下,也不会完全清楚什么是已经决定的…… 在得到关于如何处理已有案件的一致性的结论之前,模糊性[是必要的].(第 30~31 页)

这是仅有的一类系统,其可以在人们完全没有统一认识以前进行工作…… 语言将转变为接受社会所给与的内容.(第 104 页)

因此,对列维博士来说,模糊性不是不可思议的怪物,而是对社会的凝聚有益且必不可少的.

看起来偶然性和模糊性是使生活变得有趣的两个基本因素,它们使得自然界中的事物不可预测,人们交流时所使用的术语没有惟一的解释.过去,这些被认为是无法着手处理的障碍.今天我们不仅把它们作为不可避免的来接受并进行学习研究,而且,或许更重要的是,我们还把偶然性和模糊性考虑为社会进步的基本因素!

A.5 π 的小数点后的位数是随机的吗?

《国际统计评论》杂志 1996 年 64 卷第 329～344 页上发表了 Y. Dodge 描述 π 长达 4000 年古老历史的文章,文中同时提出 π 的小数点后的位数是否形成一随机序列的问题.从技术上来说,符号的随机序列是一种不能由比其自身更简短形式来记录的序列.在这样严格的意义下,π 的小数点后的位数并不形成一个随机序列.有趣的是,人们正在利用计算机由下面拉曼纽扬的神秘公式求 π 的小数点后的位数:

$$\frac{1}{\pi} = 2\sqrt{2}\sum_{n=0}^{\infty}\frac{\left(\frac{1}{4}\right)_n\left(\frac{1}{2}\right)_n\left(\frac{3}{4}\right)_n}{(1)_n(1)_n n!}(1103 + 26390n)\left(\frac{1}{99}\right)^{4n+2}$$

然而 π 的小数点后的位数可以描述为伪随机数,其满足所有已知的随机性统计检验.这些 π 的小数点后的位数可以用于模拟研究从而导出有价值的结果,这些结果与利用抽奖法随机产生的数所得到的结果一样好.

表 1.4 中给出 π 的小数点后 1000 位数①.这 1000 个数中 0,1,…,9 出现的频数分别为:

数字	0	1	2	3	4	5	6	7	8	9
频数	93	116	103	102	93	97	94	95	101	106
期望值	100	100	100	100	100	100	100	100	100	100

检验观察频数与其期望值偏离程度的卡方统计量的值为 4.20,这个值小于自由度为 9 的卡方检验临界值.这就表明观察频数与期望值很接近.另一种检验是考虑小数点后五位数一组的集合中奇数的个数,其结果如下:

① 有报道说一个 12 岁的中国男孩张左(音译)在 25 分 30 秒内能背诵 π 的小数点后头 4000 位数.

奇数个数	0	1	2	3	4	5
频数	7	31	54	61	41	6
期望值	6.25	31.25	62.5	62.5	31.25	6.25

检验频数与期望值一致的卡方值为4.336,小于自由度为5的卡方检验临界值.π的小数点后的数列看起来与前面第1.2.1节中表1.1和表1.2所列出的生男与生女或抽出白球和黑球的随机序列具有相同的性质.

表1.4 π的小数点后头1000位数

1415926535	8979323846	2643383279	5028841971	6939937510
5820974944	5923078164	0628620899	8628034825	3421170679
8214808651	3282306647	0938446095	5058223172	5359408128
4811174502	8410270193	8521105559	6446229489	5493038196
4428810975	6659334461	2847564823	3786783165	2712019091
4564856692	3460348610	4543266482	1339360726	0249141273
7245870066	0631558817	4881520920	9628292540	9171536436
7892590360	0113305305	4882046652	1384146951	9415116094
3305727036	5759591953	0921861173	8193261179	3105118548
0744623799	6274956735	1885752724	8912279381	8301194912
9833673362	4406566430	8602139494	6395224737	1907021798
6094370277	0539217176	2931767523	8467481846	7669405132
0005681271	4526356082	7785771342	7577896091	7363717872
1468440901	2249534301	4654958537	1050792279	6892589235
4201995611	2129021960	8640344181	5981362977	4771309960
5187072113	4999999837	2978049951	0597317328	1609631859
5024459455	3469083026	4252230825	3344685035	2619311881
7101000313	7838752886	5875332083	8142061717	7669147303
5982534904	2875546873	1159562863	8823537875	9375195778
1857780532	1712268066	1300192787	6611195909	2164201989

第 2 章　不确定性的驾驭
——统计学的发展

那些默默无闻的统计学家们已经改变了我们的世界，——不是由发现新的事实或技术，而是改变了我们推理和试验的方法，以及我们对这个世界的观念的形成方式.

哈克英(Hacking)

2.1　早期历史：作为数据的统计学

统计学思想远古即存，但作为一门学科却历史很短.统计学的起源可以追溯到人类的原始时期，但是直到近代才逐渐成为一门实际应用中极为重要的学科.今天，尽管对统计学的基础和方法论仍存在着种种争论,统计学已成为一门活跃的被广泛应用的学科.不同的统计学流派已经提出了各种时尚的统计学方法.在数据分析更广泛的领域内,计算机的出现对统计学方法论的发展产生着相当巨大的影响.我们不清楚将来统计学的发展会怎么样.这里我将对统计学的起源做一个概述，讨论其现阶段的发展并思考它的未来.

2.1.1　什么是统计学

像物理、化学、生物及数学那样，统计学是一门单独的学科吗？物理学家研究的是如热、光、电、运动规律那样的自然现象.化学家测定物质的组成及化学元素之间的交互作用.生物学家研究植物和动物的生活.数学家则在给出的假定之下沉溺于他自己推演各种命题的游戏.这些学科中的每一门都有它自己的问题,而且有解决这些问题的各自的方法，各学科为此而成为一门单独的学科.在这种意义下,统计学是一门单独的学科吗？存在着统计学意欲解决的纯统计学的问题吗？如果回答是否定的，那么统计学是可以用来解决其他学科问题的某种艺术或是逻辑或是技术吗？

几十年以前，统计学这个词既没有被经常使用也没有得到充分理解,还常常遭到怀疑.除了政府部门内为了行政上的目的收集必要的数据和制作表格而雇用的少数人外,没有被称为统计学家的专业人员.高等学府中也没有为设置统计学学科学位而开设的系统课程.现在,情况已完全改变了.人类活动范围内的一切领域都要求统计学的专业知识和技术.政府机关,工业部门和研究单位都雇用了大量的统计学家.大学也开始把统计学作为一门单独的学科来讲授.所有这些不寻常的发展，引出了一连串的问题：

* 统计学的起源是什么?
* 统计学是一门科学，还是一种技术，或是一门艺术?
* 统计学的未来会怎么样?

2.1.2 早期记录

有关统计学最早的记录大约可追溯到远古，甚至在算术出现以前原始人就在树木上刻痕作为计算家畜及其他财产的一种方法.收集数据、记录信息的必要性一定是出现在人类放弃个体游牧生活状态，开始有组织的社会生活之时.古代人类必须集中所拥有的资源以便正确地分配使用,而且要计划将来的需求.随后产生了帝制王朝.有证据表明，世界各地的古代王朝的统治者们都有会计来收集他们国家所拥有的人口和资源的详细数字.中国古代早期的一个皇帝刘邦就认为统计很重要，因而他让他的宰相直接管理统计数字.这作为一个传统，在中国历史上延续了很长一段时间.他们主要感兴趣的是：当发生紧急状况时能够动员多少身强力壮的男子;需要多少人的劳作才能满足市民的基本生活;在计划作出有关财产或婚姻法律变更时,不满的少数派会有多少、他们所占财富如何;一个地方统治政权以及邻国的课税能力.

现有证据表明，早在公元前2000年左右的夏朝时期，中国就进行了人口调查统计. 周朝(公元前1111～前211年) 为了管理统计工作设立了“司书(音译)”职位.在《管子》一书中,题为“调查”的第24章记载了65个涉及到统治一个国家的各个方面的问题.例如：多少家庭拥有自己的土地和房屋? 每一户储备有多少粮食? 有多少鳏夫、寡妇、孤儿、残废人和病人?

《旧约圣书》的第4册引用了公元前1500年左右的早期人口统计结果，以及要摩西对以色列军队进行调查统计的指示.

人口统计CENSUS这个词本身源出于拉丁语CENSERE,指税金. 罗马的人口统计是由第6世罗马王图力斯(S. Tullius, 公元前578～前534)建立的.在这个建制下，当时称之为监察官(CENSORS)的罗马官吏为了课税和决定能参战的男子人数,每5年负责做一次人口和财产的登记. 公元前5年，古罗马皇帝奥古斯塔斯把人口统计制推广到了整个罗马帝国.最后一次定期的罗马人口统计是于公元74年进行的.罗马帝国衰亡之后的几个世纪内西方社会都没有留下任何关于人口统计的记录.今天我们所知道的定期的人口统计，仅仅是从17世纪才开始的.

有趣的是，今天在印度被称之为行政记录或官方统计的一个非常完整的系统在公元前300年以前就已经形成.公元前321～300年之间出版的卡尔特亚

(Kautilya)的经书《印度经典》(Arthasastra)中详细记述了应如何收集和记录整理数据.要求村里的会计戈帕(音译),保存村里人口、土地使用和农作物收成等的数据记录.《印度经典》中提到的村会计的责任还有：

> 记录哪些家庭纳税,哪些没有纳税；不仅要登记每一村落中四个等级阶层居民的总人数而且还要登记耕田人,饲养牛的人、商人、工匠、体力劳动者、奴隶和每一户拥有的两条腿和四只脚的动物的准确数据，同时确定从各户能收集到的黄金、无偿劳力、税收及罚金的数目.

近来，人们已发现印度在伊斯兰教统治时代官方统计占了很重要的地位.这个时期最为人熟知的出版物称为《阿卡巴王朝(Ain-i-Akbari)的报告》，这是在阿卡巴(Akbar)皇帝统治下进行的大规模的印度官方统计调查的纪录，这个记录由他的大臣法若(A. Fazl)在1596～1597年间完成.书中包含了大量的有关这个伟大王朝的信息，下面随机抽出一些数例：

> 3种不同的土地上31种农作物的平均产量；连续19年间(1560～1561到1578～1579)7个地方的50种农作物产量及价格的比率；在陆军，海军中雇用的各种劳力、包括马车夫等的平均日工资；下列物品的平均价格：44种农作物及产品，38种蔬菜，21种肉类野味，8种奶制品,油，砂糖,16种调味料,34种咸菜,24种棉制品,39种丝绢,30种棉布,26种毛制品,92种水果,77种武器及部件,12种鹰,大象,马,骆驼,公牛,奶牛,鹿及宝石，30种建筑材料,72种木材等等.

谜一样的是，他们为什么而且是如何去收集到这样大量的数据的，使用了什么样的行政手段，利用了什么措施来确保数据的完整及准确，以及这些统计数据都用于什么目的.

2.1.3 统计学与统计学学会

统计学STATISTICS这个术语的词根，在拉丁语中是国家STATUS的意思，由18世纪中叶德国学者艾奇纳沃(G. Achenwall)新创出的这个词意为:“由国家来收集、处理和使用数据.”

1770年，冯·比尔夫德(J. von Bielfeld)在他所著的《博学要素》一书中提到,统计学是

> 一门科学，教给我们已知世界中一切现代国家的政治计划.

《大不列颠百科全书》(第三版，1979)中定义统计学为：

> 近代导入的一个词，用于表示任何王朝、国家和教区的总括或概貌.

同一时期，作为统计学一词的替换，也使用了时事学(publicistics)一词，但它很快就被淘汰了.统计学家马尔切斯(Malchus)在他1826年所著的《统计学与政治学》一书中，把统计学的范围扩大到

> 给定一个国家以及与在这个国家生存的条件和发展有关的最完全最有根据的知识.

在英国，1791～1799年间，辛克莱(J. Sinclair)爵士在他出版的一套系列刊物中使用了统计(statistics)一词.这套刊物主题是“关于苏格兰的统计调查：为旨在考察居民所享受的福利程度，制定将来的改善政策而对本州的调查”.据说当时的英国读者对辛克莱爵士使用德语的“统计学(statistics)”和“统计的(statistical)”而不使用英语中类似的词语感到吃惊.

因此18世纪中那些搞政治权术的人认为统计学是作为国家权术的一种科学，其作用就是成为政府的耳目.

然而，原始数据通常是含有杂质并让人感到混淆的.要使其具有易懂的解释并能用于各种政治决策，就必须对原始数据进行适当的归纳整理.最先进行这种尝试的是富有的伦敦商人格兰特(J. Graunt，1620～1674).他详细分析了大量的死亡人数表(载有死亡原因的数据表)，“删掉死亡表中极模糊的部分从而简化为清晰的表，并自然地将所观察的结果归纳简缩为没有任何冗长推理的扼要的几段文字.”格兰特得到了有各种疾病所导致的相对死亡率，以及伦敦市区与郊区人口的增长率等有用的结果.他由此而做出的生命表被认为是现代人口统计学的基础.因此，格兰特是最早用实例展示如何利用统计学来描述问题的现状并指导事物未来发展方向的人.

然后，就是比利时数学家凯特勒(A. Quetlet，1796～1874)把统计学应用于人类事务.凯特勒深受拉普拉斯的影响，他研究概率论并对统计学和把统计学应用于人类事务产生了兴趣.他收集各种各样的社会数据并利用他称为是“偶然性原因的法则”正态法则来描绘出这些数据的频率分布.1844年，凯特勒利用男子身高分布的正态性法则找出了法国躲避征兵的人的身高大小范围，使那些对统计抱有怀疑的人大吃一惊.凯特勒把应征人的身高的分布与一般男子的身高分布相比较，算出了为达到征兵要求的最低身高，找出了2000个为躲避征兵而假称低于最低身高的人.凯特勒还展示了如何从研究过去的倾向来预测各种未来的犯罪行为.为了促进对统计学的研究、鼓励把统计用于各种决策行为中，凯特勒曾敦促拜比吉(C. Babbage，1792～1871)创立伦敦统计学会(1834).而后于1851年，凯特勒在伦敦水晶宫主持了大型研讨会，讨论关于国际间合作的问题.仅仅3年后，就在布鲁塞尔召开了第一次国际统计学会.作为第一任会长，凯特勒强调了在处理统计数据时统一方法和术语的必要性.凯特勒试图把统计学创建成改良社会的一种工具.

经济学和人口统计学中的某些近代概念，如GNP(国民生产总值)、增长率、发展率和人口增长率等等，均是凯特勒及其弟子们的遗产.

自从被纳入英国科学发展协会一员以来，统计学就似乎被承认为是一门科学了.1834年创立了英国皇家统计学会.当时，认为统计学是

> 与人类有关的事实，可以由数量来表示，并且经过大量的累积重复可以导出一般规律.

19世纪上半叶，随着欧洲社会急剧的工业化，民众的关心开始集中在与人们社会境况有关的问题上.这期间，特别是1830～1850年间，一些国家创立了统计学会.而且"为了说明一个社会的状况与繁荣富裕程度，以收集数据并整理发表为"目的，很多国家还设置了统计办公室.(法国于1800年创设了世界上第一个中央统计局.)在这样的背景下，自然需要调查每个国家相对于其他国家来说是如何发展的，从而找出其发展增长因素.为了进行这样有用的分析研究，有必要在可比较的基础上收集各国的数据.为了统一数据收集的概念、定义以及使用一致的方法，以便"更迅速有效地收集和比较数据，提高未来所观测数据的价值"，经过努力达成了定期召开国际会议的协议.第一次国际会议是1853年在布鲁塞尔举行的，有26个国家的153名代表出席.一系列相关的会议也相继召开，这些会议均强调了在不同的政府和国家之间，有必要"为了共同的目的，在同一精神下，由统一的方法进行相同的调查"，并达成一致协议.

显而易见的是，如果要使统计学有用并发展成为一种研究工具，国际间的合作是必需的.为了交流经验和制定共同标准，1853～1876年间欧洲各国主持召开了多次(约10次)国际统计学会议.人们认为这些会议非常有用，为了推进这些会议的结果并制定今后会议的计划，1885年在伦敦统计学会成立50周年的纪念会上提出了设立国际统计学会的建议.经过多次讨论达成了设立一个永久性的国际组织——国际统计学会的决议.就这样，1885年6月24日，国际统计学会(International Statistical Institute，简称ISI)诞生了.学会的规章和条例决定包括每两年召开一次大会，会员资格种类，杂志的出版等等.其中重点强调了要达成"统一编辑和制定统计表的方法，要吸引各国政府在解决各种问题时注意使用统计学".1913年，学会在荷兰的海牙建立了永久办公室，负责处理学会的出版事务.

ISI在过去一百年来相当可观地扩大了它的活动.在ISI管理之下形成了数理统计、概率论、统计计算、抽样调查、行政统计和统计教育各个分会.

2.2 不确定性的驾驭

我在前面已提到统计学词根的意义是指对数据的收集和整理，并使其用于公

共政策的制定.

19世纪期间，作为解释数据或是从数据中提取信息来作出决策的一种方法，统计学被赋予了新的含义.基于当前的趋势，我们如何对一个人口总体的社会——经济发展特征进行预测？政府采用某种法规的影响如何？如何做出政治决策来增加社会福利？为了对付农作物的歉收、死亡以及大灾难事件，我们能制定出相应的保险系统吗？

还有另外一些问题等待满意的答案：明天会下雨吗？目前的暖流会持续多长时间？在更科学化的水平下所观察得到的数据，能证明一给定的定理吗？从个人的角度可以有这样一类问题：在我选择的事业中，什么是我的预期目标？我如何利用自己的资本进行投资来获取最大收益？

要回答这些问题的主要障碍是不确定性——缺乏原因与结果之间的一一对应关系.基于不确定性，人们如何行动呢？这是个长时间困扰人类的问题，直到20世纪初，我们才学会了驾驭不确定性，发展了能做出明智决策的科学.为什么面对生活中每时每刻一直困绕我们的这些问题，人类花了这么长的时间才找到答案呢？为了回答这个问题，让我们来考察一下通常我们用于解决问题和建立新知识的逻辑过程或推理类型，以及在过去25个世纪中人类思想所产生的变化.

2.2.1 三种逻辑推理方法

Ⅰ. 演绎法(推断法)

演绎推理最早是两千多年以前由古希腊的哲学家们提出来的，后经几个世纪的数学家们的研究加以完善.首先我们给定几个前提或公理，例如$A_1, A_2, \cdots$，其中每一个自身被承认为真实.我们可以选择这些公理的任意集合，如A_1，A_2来证明一个命题P_1.P_1的真实性惟一地依赖于公理A_1和A_2的真实性；事实上P_1的真实性与其他未被明确用于推断的公理是无关的.类似地，可用A_2, A_3, A_4导出命题P_2等等.

在演绎推理下没有产生超过前提的新知识，因为所有推出的命题是蕴含在公理之中的.人们没有要求公理或导出的命题与现实有任何关系，就如下面引言中所刻画的：

> 数学是我们并不知晓我们谈论的对象，也不关心所言及内容真假的一门科学.
>
> 罗素(B. Russell)

> 数学家可以相比于一位服装设计师，因为服装设计师完全不注意他

所设计服装所适合的对象.

丹齐克(T. Dantzig)

值得注意的是，尽管数学被认为是“最高真理”，但是作为数学基础的演绎逻辑并不是没有逻辑缺陷的.正如前面所提到的，演绎逻辑中容许利用公理集合中任意子集合去证明一个命题，这个命题与其他没有用到的公理是无关的.

此时，产生了如下问题：公理系中任一子集合，如 A_1，A_2 产生 P 为是之命题，而另一集合 A_2，A_3，A_4 产生一个 P 之否命题，这样会导致一个矛盾吗？会有一个三角形三个内角和在公设 A_1，A_2 下为 180°，而在公设 A_3，A_4，A_5 下又代表不同的数字的事发生吗？在试图利用数学公理证明不会产生这种矛盾的过程中，我们得到几个令人惊奇的结果.著名数理逻辑学家哥德尔在这方面进行了细致的研究论证，他巧妙地证明了：基于所给定公理系统的推理，人们不能证明由该公理系统不可能导致矛盾的结果.

演 绎 推 理

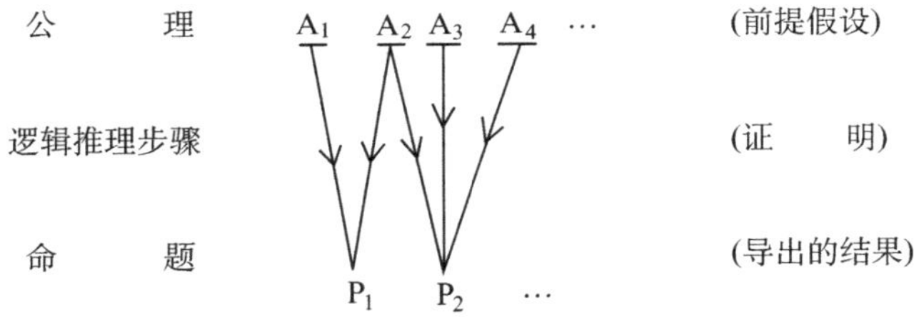

P_1与P_2会是矛盾的吗?

同时也证实了这样一个推断，即如果某个公理系统中，可以同时演绎命题 P 及其否定命题，那么这个公理系就能使我们导出任何我们想要得到的矛盾.这里让我们来看一下 1958 年出版的《百年回顾》第 11 卷中，著名英国统计学家费歇关于“概率的性质”演讲中提到的一段趣闻.英国著名数学家哈代(G.H. Hardy)某日在剑桥大学三一学院的晚餐会上谈到了上面提到的这样一个值得注意的事实.于是坐在哈代对面的一个学者接过他的话题问道：

学者：哈代，如果我说 2+2=5，你能证明所给出的任意命题吗？

哈代：是的，我想可以.

学者：那么请证明麦克塔格塔(McTaggart)就是罗马主教.

哈代：如果 2+2=5，则 5=4，两边减去 3，即 2=1.麦克塔格塔和罗马主教是两个人，但因为 2 等于 1，因此，麦克塔格塔就是罗马主教.

数学是在严格规则下的一种游戏，谁会知道是否在某一天会发现一系列的不协调呢？

Ⅱ. 归纳法

归纳推理则是另外一种情况. 这里我们所面对的问题正好与上述问题相反，即依给定的某些结果来决定前提. 现实世界里，要基于不完全或劣质的信息做出决断，只有通过归纳推理. 下面给出几个必须要采用归纳法的例子.

特殊环境中需要基于不确定信息做出决策：

* 某案件的被告人确实犯有杀人罪吗？
* 某个母亲声称这个男子是她孩子的生父属实吗？

预测

* 从星期一到星期五斯泰特科利奇(State College)一直在下雨，周末会继续下雨吗？
* 明日的道琼斯指数会下降多少？
* 明年汽车市场的需求有多大？

假设检验

* 治疗头痛时，泰诺(Tylenol)比止痛灵(Bufferin)更有效吗？
* 吃燕麦片粥会降低胆固醇吗？

以上，都是现实生活中必须要在不确定性基础上作出决定的一些情形. 我们已经观测到的这些信息资料，是从某个可能的假设或原因的集合中所导致的结果，也就是说，结果和假设之间的关系不是一对一的. 所谓归纳推理，就是由观测的数据去匹配一个假设，从而由特殊推向一般的逻辑推理过程. 由此而产生新的知识，但是由于在数据和假设之间缺乏一对一的对应关系，这是一种带有不确定性的知识. 与给定公理下的演绎推理不同，归纳推理由给出的数据所作的判断是缺乏精

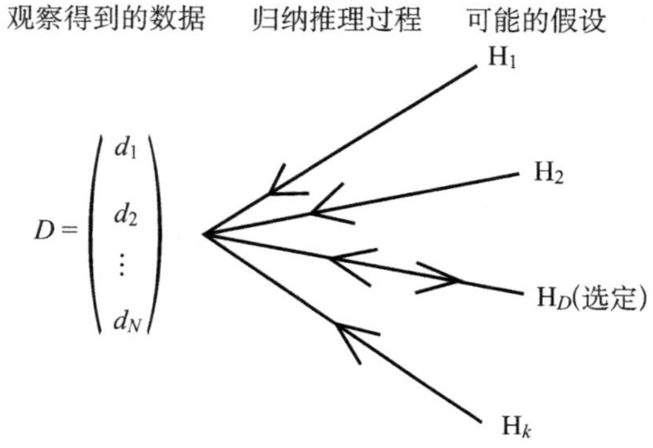

确性的.这种精确性的缺乏有碍于对归纳推理的系统化.按人们习惯的推演逻辑,如果发展的一种理论或导入的推理规则不能保障给出准确的结果,它们似乎就不被人们所接受.所以,归纳推理更多地被看作为一种技巧,其运用成功的程度依赖于个人的技能、经验和直觉.

H_D 为所做选择.由上图,人们可提出如下问题:

* 基于所给定的信息数据,能制定出选择一个或几个假设的法则吗?
* 什么是由某种指定的法则来选择特定假设 H_D 过程中的不确定性?

Ⅲ.风险管理的逻辑方程

一直到 20 世纪初,才打开处理上述问题的突破口.人们认识到,尽管由特殊到一般化的规律所建立起来的知识是不确定的,一旦能度量所含的不确定性,则获得的知识尽管种类不同但是是确定的.这种新的结构为如下的逻辑方程:

不确定的知识 + 所含不确定性量度的知识 = 可用的知识

这不是哲学,这是一种新的思维方法.由这个基本方程可以导出风险管理的一个有效方法,而且把人类从神谕和算命先生中解放了出来.它把未来置于现时可做出明智决策的有助框架之中:

* 如果我们不得不在不确定性的前提下做出抉择,则错误是不可避免的.
* 如果错误是不可避免的,则在一定的规律下做出抉择(形成新的具有不确定性的知识)时,最好我们能知道犯错误的频率(对不确定性量度的知识).
* 这样的知识能够用于找出制定决策的某种规律,从而使我们减少盲目性,使做出错误决策的频率最小,或者使由错误决策产生的损失最小.

这样由最优化决策来处理的问题能够用演绎推理来解决.所以,归纳推断可以划归演绎逻辑的范围.

让我们来看看现在天气预报所用的方法.直到前不久,天气预报普遍使用的是笼统的表述形式,如:明日有雨,明日无雨.显然,这种预报错误很多.如今,预报的形式改为:明日有雨的可能性为 30%,看起来似乎是一种不明确的说法.这个 30%的数字是如何得来的.我的一个数学家朋友告诉我说,电视台有 10 个气象学家,要询问每一个人明日是否有雨,如果其中有 3 个回答有雨,那么电视台则报道明日有雨的可能性为 30%.

当然,这里不是指如何得到 30%这个数字,它具有更深的含意.它表示在过去某一天所观察到的如同今日大气层的状态时,次日有雨的概率.这是基于大量观察数据所得到的复杂的计算结果,表示了明日有雨的不确定性的量度.在这种意义下，关于明日天气有雨可能性的预报形式几乎和数学定理一样准确，通报了一个人在计划次日行动时所需的一切必要信息.各人可以根据各人的需要，以不同的方式来利用这个信息.而像明日有雨这样一类不包含不确定性量度的笼统的断言是毫无实用价值的,在某种意义下是不合逻辑的.

表2.1 天气预报（不确定性的度量）

数据	可能性	概率
今日大气层的	明日有雨	30%
条件	明日无雨	70%

演绎法与归纳法之间有一个显著的差异.演绎推断中，为了证明一个命题容许选择几个前提；归纳推断中，不同的数据信息组合可以导致不同的、有时甚至是相互矛盾的结论.因此必须使用全部数据信息.必要的情况下，数据的编辑或剔除必须是由推断过程本身决定，而不是按数据分析者本人的意识来选择.

利用统计学我们能够证明任何事物的这种说法，是指我们从可以得到的数据信息中总能选择到能证实任何预想的有用的部分.这是政治家,有时科学家也这样来兜售他们观点的一种手段,商人也如此操作来出售他们的产品.

归纳推断中,还有一点值得注意.在推断过程中，非常重要的是我们仅仅使用已知的信息而没有加入任何未经证明的假设或是预想的观点.让我们来看看某个王子相信王宫只雇用女仆的尴尬局面：

> 某天王子在其领地内巡游，在喝彩的人群中，他发现一个长相酷似自己的男子.王子把这个男子召到面前问道:“你母亲在我王宫里干过活吗?”“没有.”那个男子回答,“但是我父亲曾在王宫里干过活.”

Ⅳ.诱导法

有时，新的理论的产生完全不基于任何数据信息，而是凭直觉或瞬间的想像,这种方法在逻辑术语中被称为“诱导法”.其后人们再进行一系列实验来验证这些理论.这一类的著名例子可以举出DNA的双重螺旋性、相对性理论、光电磁学理论等等.

归纳法和诱导法之间的区别很微妙.归纳法中我们由实验数据信息和对它们的分析引导得到一个结论.但是新知识产生的最根本的一步，不同程度上依赖于一个人已有的经验和瞬间的想像.在这种意义上，导致人们相信所有的归纳方法就是诱导法.

总结起来，知识的发展依赖于以下三个逻辑过程：

归 纳：基于观察到的数据信息产生新知识.

诱 导：由直观而不是数据信息产生新知识.

演 绎：证明所提出的理论.

2.2.2 如何度量化不确定性

由归纳推断导出结论的主要概念是不确定性的度量化，就像表 2.1 中提到的天气预报一样. 明日有雨的概率为 30% 是基于以前的观察值得到的. 但是由于没有固定的方法，因而对不确定性的量化问题一直存有争议. 甚至还建立了各种统计研究所来致力于研究度量不确定性的不同方法.

最初尝试量化不确定性的是贝叶斯(T. Bayes，? ～1761)，据说他死于 59 岁(出生日期不明). 贝叶斯在一组可能的假设下介绍了先验分布的概念，即在数据信息被观察到之前，提出对不同的假设的信赖程度大小. 假设 h 的可信度表为 $p(h)$ 并且是给定的. 同时如果在给定假设 h 下数据 d 的概率分布已知为 $p(d|h)$，就可以使我们得到观测数据信息的边缘概率分布 $p(d)$. 于是现在我们能计算在给出数据信息 d 时，假设 h 的条件概率分布，这被称之为贝叶斯定理，表为如下公式：

$$p(h/d) = \frac{p(h)p(d/h)}{p(d)}$$

这即为后验分布，或是在已知观测结果的条件下关于所选假设的不确定性的分布. 因而，由所选假设的先验知识和观测所得的结果，我们已经获得了关于这个可能假设的新的知识.

贝叶斯定理是归纳推理中利用概率论为工具的有独创性的尝试. 然而一些统计学者对引用先验分布 $p(h)$ 来解决问题的方法感到某种程度的不安，除非先验分布的选择是按客观做出的，例如，是基于过去观察的事实结果而不是由人的主观或为方便后验分布的数学计算来做出的. 实际上，不利用先验分布而发展推断理论是近代统计学创始者们的努力，如：卡·皮尔森(K. Pearson，1857 年 3 月 27 日～1936 年 4 月 27 日)，费歇(R. A. Fisher，1890 年 2 月 17 日～1962 年 7 月 29 日)，内曼(J. Neyman，1894 年 4 月 16 日～1981 年 8 月 5 日)，阿· 皮尔森(E. S. Pearson，1895 年 8 月 11 日～1980 年 6 月 12 日)和沃尔德(1902 年 10 月 31 日～1950 年 12 月 13 日)等人都做了这方面的尝试. 他们的方法并不是没有逻辑困难的. 然而缺乏一个完整的逻辑方法论，并不阻碍把统计学用于日常的决策或是用于解释自然界的神秘. 这种情形类似于医学中我们已有的经验，在治疗疾病考虑某种有效药品时，即便它的治疗效果不是很理想或带有一定的副作用，甚至于在一些相当罕见的病例中，这种药的有效性还没有完全在临床中被验证的情况下，你仍不会犹豫让患者使用这种药.当然必须继续研究新药.20世纪上半叶，由未知参数估计，假设检验和决策而发展起来的统计学的方法论，像决堤的洪水一样冲开了统计学应用于人类活动各个领域的大门,寻找新的工具来处理不确定性的需要也急速增长.统计学的普遍存在以及在开拓新知识领域方面的应用已远远超过了20世纪内的任何技术或科学发明.

随着不确定性的度量化，我们能够提出新的问题并且能给出适用于现实需要的解答,这些问题通常是不能由基于"是"或"不是"的传统或亚里士多德之逻辑来回答.由控制或减少不确定性，或者更重要的是去考虑不确定性，使我们能够在最优化方式下管理个人或社会的活动.300年前，法国数学家笛卡儿(1596～1650)有一句名言：

> 当我们不具备决定什么是真理的力量时，我们应遵从什么是最可能的，这是千真万确的真理.

因此，从数据中获取信息并做出推断的新学科产生了,而且统计学这个术语的范围也从数据自身扩展到解释数据的意义上了.

总结起来，偶然性不再是一件值得担心的事情或者是一种无知的表现.相反，它是表达我们拥有知识的最具逻辑性的方法.我们能够接受不确定性，承认它的存在，并且量度不确定性，同时证明,尽管面对不确定性，知识的发展和适用行动的发展是可能而且合理的.考克斯(D. Cox)爵士曾指出：

> 对不确定性的认识并不意味虚无主义,也不需要迫使我们进入像美国人有时所说的那种偏废的状态.

偶然性或许不遵循任一法则，但是解决的办法是找到偶然性的规律.我们决定要考察的对象，给出其发生的概率作为这些对象所具有的不确定性的量度.在已知各种事件发生的结果和发生的概率的情况下，不确定性下的决策可以化归为演绎逻辑的问题.处理偶然性已不再成为无所适从的事情了.

2.3 统计学的未来

> 统计学与其说是收集整理数据引出答案的一组规则，不如说是一种思考或推理的方法.

那么今天所研究的而且应用于实际的统计学，是一门科学,还是一种工艺或是一门艺术呢？也许统计学是这三者的一个组合.

称统计学为一门科学，是指它与那些由某些基本原理引导出的具有广泛应用意义的科学技术一样.这些技术不能用于固定的模式，使用者在给出的情况下必须根据所掌握的专门知识选择适用的技术，而且如果需要，还要进行必要的修正．统计学在建立软科学的经验规律中起着重要作用．更何况，作为量化和表现不确定性的方法的统计学——其基础和很多哲学观点有关，能够对任一主题进行独立的讨论．因此，广义之下，统计学是一门分离的学问，可以说是关于一切学问的学问．

统计学是一种工艺，如同工业生产过程中的质量控制程序一样，统计学的方法论就是在为了保证产品达到所希望的质量和保持其稳定性的管理系统中建立起来的．统计方法也能够用于控制、减少和考察不确定性，从而极大地发挥个人和社会的工作效率．

统计学也是一门艺术．这是因为依赖于归纳推理的统计学的方法论不是完全能编成条例或是没有争议的．不同的统计学者对同一组数据的分析处理可能得到不同的结论．比起由统计学工具所获得的信息来说，通常实际给出的数据所含的信息量要多得多．就像一本印度小说《红色城堡》(The Red Fort)第 5 章第 2.14 节中所说的一样，使用数字来讲故事依赖于统计学家的技巧和他们的经验．在这个意义下，统计学也是一门艺术．

统计学的未来会如何呢？今天，统计学已发展成为一门媒介科学．它研究的对象是其他科学的逻辑和方法论——做出决策的逻辑和试验这些决策的逻辑．统计学的未来依赖于向其他学习领域内的研究者正确传授统计学的观点；依赖于如何能够在其他知识领域内将其主要问题模式化．

逻辑推理方面，利用专家的证明，再加上数据提供的信息，有希望在评价不确性上拓宽统计学方法．

我已经提到统计学是科学，是工艺，也是一门艺术——作为处理不确定性和做出最佳决策行动的新近发现的逻辑——我这里必须指出的是将来发展过程中有可能出现的危险．如前面所提到的，统计预测会出现失误，但比起心灵预感或迷信来说，显然统计预测更值得信赖．如果你做的预测错了，你的顾客可以控告你吗？最近有几个这样的官司．下面是从 1986 年 5 月 24 日星期日的“匹兹堡日报”上摘录的，文章题目为“气象预报员的呼吸变轻松了”：

> 一个联邦的上诉法庭机敏地订正了一个有关天气预报牵涉政府责任的严重错误．
>
> 去年 8 月，美国一地方法庭裁定应付给由于遭受风暴袭击而丧身的三个捕虾者家属 125 万美元的赔偿费，因为这场风暴没有被预报．法官裁定政府对这次事故负有责任，因为政府没有及时修理设在一个浮标上的风速器——其作用是帮助预报麻省东部鳕鱼岬的天气状况．
>
> 这个裁决前些天被上诉法庭驳回，理由是天气预报是政府“可自由处理的工作”，“所做裁决不适用于这种场合”．

上诉法庭指出:"天气预报经常出错.如果仅仅是这类事件中一小部分遭受损失的当事人成功地找出一个专家,能使法官信服政府应该做得更好",那么政府的责任将是"无止境和无法承受的".

因为有可能申诉到最高法院,这个案件的处理还没有终结.但是那些正实践着不精确科学的官方气象预报家们可以轻松地透一口气了.

这样的例子是不多见的,但这或多或少会阻碍统计咨询家们对新的、或更具挑战性领域的冒险探索,并多多少少会制约统计学的发展.

第3章 数据分析的原理和策略——数据的交叉检验

3.1 数据分析的发展历史

数据！数据！他急切地叫着，没有黏土，我怎么能做砖.

柯南·道尔(Conan Doyle)

统计分析的形式随时代的推移而变化着，但是“从数据中提取一切信息”或者“归纳和揭示”作为统计分析的目的却一直没有改变.统计学还没有成熟为一个具有完整稳固基础的知识领域.在一定时期内某些统计方法被普遍应用，但是随时间的推移这些方法又会被更时尚的方法所取代.尽管有很多争论，统计方法和应用领域却在不断扩大.具有绘图功能的计算机已经对数据分析产生了巨大的影响.让我们来对数据分析的发展历史作一概述.

通常，描述统计学和理论统计学被人们认为是统计学中方法不同的两个领域.前者的目的是在“统计描述”的意义下综合整理给定的数据集，例如对位置、离差、高阶矩和指数的测量，并通过某些图形，如直方图、条性图、箱图和二维平面图，来表现数据直观醒目的特征.这个方法并不涉及观测数据的随机结构(或概率分布).因此，计算得到的各种描述统计量可用来比较不同的数据集合.基于数据集的特征和要解答的问题，甚至制定了一些规则用于选择一些可替换的统计量，如用于描述位置特征的平均值、中位数和众数.这样的统计分析被称为描述数据分析，记为DDA(Descriptive Data Analysis).另一方面，在理论统计学中，虽然其目的也是综合整理数据，但它是研究概率分布下的一个特定分支(或称为模型).在这种情形下，综合整理或描述统计量主要依赖于某个特定的随机模型.这些统计量的分布被用来确定在推断某些未知参数时的不确定性的范围.于是这样的方法被称为推断数据分析，记为IDA(Inferential Data Analysis).

卡·皮尔森是第一位试图沟通DDA与IDA的统计学家.他利用基于矩和直方图的描述分析所得到的结果来进行有关分布族的推断.为此目的，卡·皮尔森发明了第一个也许也可以说是最重要的一个检验准则——卡方统计量，以此用于检验已知数据是否来自某一特定的随机模型(概率分布族)，或已知数据是否与某一给定的假设一致，这种检验准则“预示了做出决策的一类新方法”.在哈克英(Hacking, 1984)的文献中，卡·皮尔森的卡方检验被誉为是自1900年以来在科学技术所有分支中20个①尖端发明之一.甚至和卡·皮尔森有个人分歧的著名统计学家费歇也曾对我表示了对卡·皮尔森的卡方统计量的极高的评价.卡·皮尔森还创立了一系列可通过4种矩量来识别的概率分布.通过直方图和卡方检验，卡·皮尔森完成的出色的研究工作之一是发现了在某些动物中锥虫大小的分布是来自两个正态分布的混合分布(参见卡·皮尔森,1914～1915).

利用卡方检验来检定一个复合假设，例如某一概率分布属于一指定参数的分布族时，需要发展参数估计的一般方法.卡·皮尔森提出了由矩来估计参数的方法，并且基于估计量拟合的分布来进行卡方检验.这个方法其后由费歇做了两方面的完善，一是通过由极大似然法对未知参数的估计,得到已知数据的较好的拟合;其次在估计未知参数时，利用自由度的概念使我们能更准确使用卡方检验.

20～30年代期间，费歇产生了一系列异常丰富的统计思想.在他1922年的一篇通过特定的随机模型来分析数据的奠基性的论文中，费歇奠定了“理论统计学”的基础.费歇发展了基于正态假定下对各种假设的精确的小样本检验,提出了利用标准检验值表来帮助检验,通常这些统计表给出了5%和1%时的检验临界值.这个时期内，在费歇的影响下,非常重视显著性检验.当时的统计学家,如哈特林、鲍斯(R.C.Bose)、罗伊(S.N. Roy)和威尔克斯(Wilks)等对精确抽样理论作出了很多贡献.尽管费歇在他1922年的论文中提到由卡·皮尔森首先考虑到的模型的设定是统计学研究的一个重要方面，但是他没有对这个问题展开进一步探讨.或许这是因为费歇的观察只是在生物学研究中的小样本范围内，因而在对模型设定问题的探求上,在通过对观测数据的详细描述分析去寻找一定的特征，或是经验地决定合适的数据变换去拟合确认一个假设的随机概率模型等问题上,费歇没有更多的研究广度.在决定模型的设定时，费歇仅依赖于他自身的经验以及如何确定数据时的外部信息.[参见费歇1934年的一篇经典论文.这篇论文论述数据收集确认的方法对频率估计的影响.]在这个由费歇的成果激励统计学发展的时代，很多其他统计学家努力去探索被称为是非参数统计检验的准则,这些检验的分布是与数据所假定的随机概率模型无关的(皮特曼(Pitman)，1937)，并从数据所设分布的正态性的偏离出发，调查研究费歇所提出的检验准则的稳健性.

20世纪20～30年代，由费歇所开创的通过实验设计来收集数据的方法也有了系统的发展，这一系统发展使人们能够通过方差分析这样特定的方法来分析数据，并能对数据做出有实际意义的解释:实验设计指导如何分析数据，而数据分

① 这里所提到的20个尖端发明，没有特殊的顺序规定，可记为：塑料，人工智能检验，爱因斯坦的相对性理论，血型，除蠡剂，电视，植物的品种改良，通讯系统，抗生素，头盖骨，原子核裂变，避孕药，治疗精神病的药，真空管(电子管)，计算机，晶体管，统计学(论述什么是真实，什么是来自偶然性的学问)，DNA和激光.

析显示实验设计的结构.

在统计学发展的初期，其研究的问题多数是从生物学中产生出来的，与此相应，在工业生产中对统计学的应用也小规模地发展起来.休哈特(Shewhart，1931)通过控制图引进简单的图形程序来测验生产过程中的变化,这个方法可以说是对测验异常值或变点的最初贡献.

除了在估计理论中一些基本概念之外,费歇提出的很多方法是基于直觉的,并没有系统的统计推断理论.费歇定义了一致性、有效性和充分性的概念,并引进极大似然估计方法.内曼和阿·皮尔森于1928年(参见他们的合著论文)讨论了为导出适当的统计方法,特别是在假设检验中要设置一些公理的问题.沃尔德(1950)对这个问题进行了更深入的研究并把其完善为一种决策理论.费歇坚持认为他的方法更适合于科学推断，而内曼和沃尔德的思想更适合于技术的应用，虽然后者声称他们的理论普遍有效.沃尔德在抽样调查的应用中开发了序贯法，费歇认为这个方法也可用于生物学.[在印度统计所所做的一次演讲中,费歇把休哈特的控制图,沃尔德的序贯抽样和抽样调查作为统计方法论中三个重要的发展.]

进入20世纪40年代后可以看到抽样调查方法的发展. 这种方法是调查者依据随机选取的个体对一组问题的反应所获取的信息来收集大量的数据. 这种情形下，确保数据的准确性(不带偏差、记录上的错误、反应错误)和数据的可比较性(在各研究者之间,或不同的调查方法之间)这样一些问题被认为是至关重要的.马哈拉诺比斯(Mahalanobis)(1931，1944)或许是第一个认识到在抽样过程中上述提到的偏差、记录误差等是不可避免的，甚至比抽样误差更严重,他提出在设计调查过程时，应该采取一些步骤和方法来控制和查明这些误差，并发展适当的检验程序，在收集数据时检测出过失误差(异常值)和不相容的值.

至此，我们已经简略地介绍了统计学中公认的两个分支——描述统计学和理论统计学.应用统计学者们感到十分需要的是清除那些有缺陷的数据，这样的数据有可能使统计分析所得到的推断无效.这里所需要的可能是一综合处理方法，首先提供分析方法去正确地理解给定的数据及其缺陷和特征，然后去选择数据分析合适的随机概率模型或是模型族,使其不但能解决特殊的问题而且能开发进一步调查研究的新课题. 在这个方向上一步重要的发展是由图基(Tukey)在1962年和1977年的论文中，以及莫斯特雷(Mosteller)和图基俩人在1968年的论文中做出的,他们提出了被称为是探索数据分析EDA(Exploratory Data Analysis)的方法. EDA的哲学原理是了解数据的基本特征，然后运用稳健过程使数据适应可能的更广义的随机概率模型族,代替寻求什么样的综合统计量对指定的随机概率模型是合适的费歇问题,图基提出求给定一个综合统计量对什么样的随机概率模型族是合适的问题.这个方面也可参考查特非德(Chatfied,1985)描述的初始数据分析，这种分析似乎是描述数据分析的扩展，在最小限度利用传统的统计方法的意义下基于常识和经验做出推断.

图3.1展示了统计数据分析的各个步骤，这是基于我自己在分析处理大量数据时所获得的经验做成的，我的这种方法似乎综合了上面提到的卡·皮尔森的描述数据分析、费歇的推断统计和图基的探索数据分析，以及马哈拉诺比斯关于非抽样误差的工作.

图3.1中，数据表示测定值(或观察值)的全部集合，如何由实验、抽样或是历

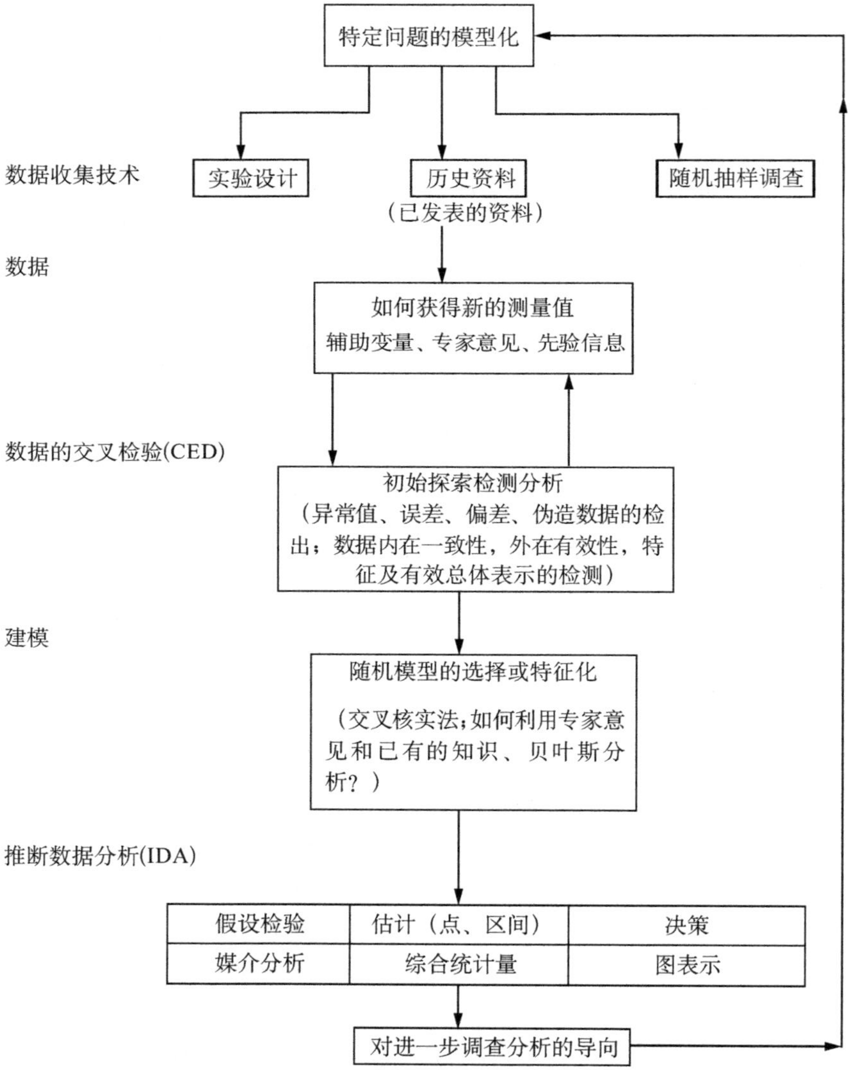

图3.1 统计数据分析的步骤

史记录获得数据,与观察记录相关的操作过程，以及任意有关数据性质或数据随机概率模型的先验信息(包含专家意见)等都包含在内.

数据的交叉检验 CED(Cross Examination of Data)表示任何探索或初始研究都是为了了解数据的性质，剔除测量误差、记录误差和异常值，检验先验信息的有效性，检测数据的真伪.数据的初始研究也用于检验一个指定模型的有效性或是对进一步的数据分析选择一个更合适的随机概率模型或随机概率模型族.

推断数据分析 IDA (Inferential Data Analysis)表示基于对观察数据所选定的随机概率模型所进行的估计、预测、假设检验和决策推断等统计方法的综合.数据分析的目的不仅仅只限于解答某些特殊的问题,而是要从数据中获取一切有效信息.数据中常常含有对新的研究导向有价值的信息，同时含有为收集数据改进未来的实验设计或样本抽样的有价值的信息.我将数据分析的主要原理用一个基本方程式明确给出：

数据分析 = 回答特定问题 + 提供新研究方向的信息

图 3.1 所示的数据分析的程序中，不应把数据的交叉检验和推断数据分析作为适用不同方法的不同的范畴.它仅仅表明当我们面对数据时我们应如何开始、以什么形式表示最终的结果以及如何应用于实际.推断数据分析的某些结果或许提示进一步的数据交叉检验，这时也表示推断数据分析的结果会发生变化.

数据分析的一个重要方面是不可使用任何没有被当前数据或过去经验证明的额外假设.这时出现的问题是：专家的意见在数据分析中起什么作用.我的回答是：

> 如果专家的意见是正确的，我们可以从中获益；如果不正确，听一听也无害.

因此，专家的意见在计划一个抽样或设计一个实验时是有用的.

3.2 数据的交叉检验

> 数字本身不会说谎，但说谎者却需要算计.
>
> 格罗夫纳(C. H. Grosvenor)将军

统计学者经常被要求去分析他人所收集到的数据.按费歇的说法，这时，一个统计学者首要的工作是利用数据的交叉检验(CED)(让数字说话的艺术)来获得对数据有意义的分析和用于解释结果的一切必要的信息.在大的范围内对每一个小范畴的特殊需求进行数据交叉检验时，一个可供采用的检查项目有如下几种：

* 数据是如何收集、记录的?
* 数据中含有测量误差和记录误差吗? 有关测量值的概念和定义明确吗? 观

察值之间存在任何区别吗?

* 数据是真实的,即是所调查的原样,还是以任何方式经过人工伪造、编纂或修改过的?是否由观察者自行决定删除了任何观察值?数据中是否存在任何或许会过度影响统计推断的异常值?
* 提供信息的观察数据是来自什么样的实施总体?作为抽样调查总体中所选定部分是否存在没有回答的(部分或全部)?数据信息是来自单一总体,还是混合总体?与抽出样本单位的识别和分类有关的因素都记录下来了吗?
* 对所要调查研究的课题或是观察数据的性质是否存在任何先验信息?

通过直接与收集数据的调查者交谈可以得到上述某些问题的答案;但是对其余的部分,则不得不通过对数据的适当分析来获得答案,即把问题代入数据或是对数据进行交叉检验来获得答案.这时,通过直方图、二维散点图等数据图示,通过适当的变换所得的测量值的概率坐标图以及某些描述统计量的计算都是非常有帮助的,这些都不是例行公事.然而,数据交叉检验成功与否很大程度上依赖于数据的性质,以及从这些数据(让数字说话)中抽取信息时统计学者本身技能.下面我将给出几个实例.

3.2.1 数据的编撰

让我们来看表3.1,选自福克斯、霍尔和埃尔夫伯克(J.P. Fox, C.E. Hall 和 L.R. Elveback)所著《防疫学,人类和疾病》一书的第74页.

表3.1 1846年法拉岛麻疹流行期发病人数、死亡人数及其年龄分布统计

年龄(岁)	人口	发病人数	发病率(%)	死亡数	死亡率(%)
<1	198	154	77.8	44	28.6
1~9	1440	1117	77.7	3	0.3
10~19	1525	1183	77.6	2	0.2
20~29	1470	1140	77.6	4	0.3
30~39	842	653	77.6	10	1.5
40~59	1519	1178	77.6	46	3.9
60~79	752	583	77.5	46	7.9
80 +	118	92	78.0	15	16.3
和	7864	6100	77.6	170	2.8

来源:P.L. Panum:Observations Made During the Epidemic of Measles on the Faroe Islands in the Year 1846, Delta Omega Society, New York, p.82,1940.

作者们的结论是:"麻疹的发病率虽然在各个年龄组内都很高,但死亡率却有显著不同.一岁以下是最高的,而过了30岁死亡率随年龄增长而逐步上升."这个结论有效吗?

表 3.1 中值得引起注意的是 8 个年龄组各自的发病率与总体的发病率 77.6%几乎没有差别,或是只有很微小的差别.如果真的发病率对所有年龄组是相同的,这种现象是偶然发生的吗?这里很值得怀疑的是:各个年龄组的麻疹发病数不是观察得来的,而是构造出来的.由总发病率 6100/7864 =0.776 乘上各组已知人口数,再四舍五入取最近的整数得到各组的发病数.例如,1 岁以下以及 80 岁以上两个组的发病人数可这样获得:

$$198 \times 0.776 = 153.648 \approx 154;\ 118 \times 0.776 = 91.568 \approx 92 \cdots \quad (3.1)$$

如果用上面的数字去除各组的人口数,即得如下发病率:

$$154/198 = 0.7777 \approx 0.778;\ 92/118 = 0.7796 \approx 0.78 \cdots \quad (3.2)$$

这些数字与表 3.1 中作者所报告的数字完全一样,同时也说明了为什么表 3.1 中发病率的小数点第三位略有不同的原因.参考由一个知名的、派往法拉岛去防止麻疹发病的德国流行病专家的德文版原文报告,帕纳(Panum)指出,相关的发病数最先并不是按年龄组分类的,而从德语翻译到英语时英语编辑假定各年龄组有相同的发病率,利用(3.1)式来构造出各年龄组的发病人数.另外,表 3.1 中第 4 栏标出的发病率一栏英语版第 87 页的表上并未出现,这可能是《防疫学,人类和疾病》一书的作者福克斯,霍尔和埃尔夫伯克由(3.2)式计算得到的.由此看来,从构造各年龄组的发病数而得到的各组年龄的死亡率和所得的结果的解释不一定是有效的.一个统计学者常常被要求去做侦探性的工作!(另外,1~9 岁一组的发病率应为 77.6%,而不是 77.7%!)

3.2.2 测量误差,记录误差与异常值

在任何大规模调查中,测量和记录上的误差是不可避免的.如果这些值并不是与其他值有显著的不同,要检测出它们通常是很困难的.因此,在设计调查时,要特别注意使这样的误差降到最小.在调查测量中当出现一个可疑的数字时,带有审查的程序会向调查者发出警告,并容许调查者重复测量以及调查被测量的个体值是否属于被研究的总体.

笔者有机会详察了大量有关人类测量学抽样调查所得的数据.其中有一例是不得不放弃花高额代价收集来的全部数据(Mukherji, Rao, Trevor(1955); Majumdar, Rao(1958)).当测量多变量响应数据时,如果记录和测量误差的数量不多,由各个测量值及比值所描绘的直方图,或是由一组变量测量值所得到的二维散点图以及计算各测量值集合的前四阶矩,偏度 γ_1 和峰度 γ_2 都可以检测出记录误差和测量误差.特别是偏度和峰度对异常值很敏感.表 3.2 给出了由不同总体抽样所获原始数据计算得到的偏度和峰度,一些总体特征在除去极值后再计算了它

们的偏度和峰度.各总体的样本大小约为50.带有 * 号的数字表明在5%置信水平下是显著的.可以看到,此时除去一个极值后再计算偏度和峰度，结果就与其他情况下所得的一致了.

表3.2　五个男子部落中一些人类学特征测量值的偏度 γ_1 和峰度 γ_2 的统计检验

（选自 Urmila Pingle 的博士论文）

特征	男子部落									
	KOLAM		KOYA		MANNE		MARIA		RAJ GOND	
	γ_1	γ_2	γ_1	γ_2	γ_1	γ_2	γ_1	γ_2	γ_1	γ_2
头的长度	0.15	−0.62	0.39	0.37	1.62*	4.54*	−0.27	0.48	−0.30	0.23
					0.71*	0.29				
手的长度	−0.14	−0.06	0.48	1.12	−0.05	−0.08	0.05	−0.09	−0.32	0.28
上颚长度	0.83*	2.93*	0.17	0.19	1.72*	8.42*	−0.17	−0.63	−0.12	−0.61
	−0.14	−0.03			−0.40	0.27				
脸的长度	−0.26	−0.07	0.44	0.11	0.66	0.32	−0.05	−0.10	−0.04	−0.24
上臂长度	−0.05	−0.63	−1.95*	6.88*	−0.01	−0.27	0.13	0.76	0.14	−0.40
			−0.30	0.74						
小臂长度	−2.17*	9.98*	−0.07	0.59	0.19	−0.67	−0.02	0.28	−0.06	−0.07
	0.08	−0.62								

注：每一特征值的第二行表示除去极值后的计算结果.

简单的图示如直方图和二元平面图能够帮助我们检测数据中的异常值和数据类型.今天，由于计算机高级绘图机能的存在，统计学者们已经能在统计分析中通过各种图形显示来更有效地处理数据.Cleveland(1993)出版了一本较好的关于图形处理技术的参考书.费歇1925年在他的《研究者的统计方法》一书中强调了在数据早期检测时图形的重要性.随着图基(1977)的奠基性论文《探索数据分析》的问世,可视性变得更确定、更有效了.

3.2.3　数据的伪造

政府对积累统计数字非常热心.政府收集数据，把数据累计相加,进行 n 次方，开三次方等,并做出漂亮的图形.但决不要忘记的是这些图形所基于的每一个数字首先来自乡村统计员，这些乡村统计员可随心所欲地写下任何数据.

斯坦普爵士(花花公子，1975年1月)

越多的欺诈暴露于公众，听到的却是越静悄悄的处理，这不得不使

我们怀疑在科学中欺诈是否是一般的特征.

布罗德和韦德(W. Broad and N. Wade,《真理的背叛者》)

接受一个新的理论，依赖于对观察数据的验证，一个科学家有时会被引诱去编造一些实验数据来拟合一个特殊的理论，从而要求承认他的主张或建立他的优先权.毫无疑问，如果一个理论是错的，其他做类似实验的科学家们迟早会发现.然而有可能在这个理论被接受的那段时间，社会已受到一些危害.最近一个例子是"智商指数的欺骗(IQ Fraud)"(《今日科学》,1976年12月，第33页.)涉及到伯特(C. Burt),他被称为是英国教育心理学之父.按照伯特的理论，人的智商的差别一般是遗传的，不受社会因素的影响，他的理论明显是由伪造数据所支持，这会影响政府按错误的方向来考虑儿童教育.

如何检测所给出数据的真伪呢？统计学系统中包含有判别数据真伪的数据分析方法吗？幸好回答是肯定的.事实上，最近几年有的统计学者已经检验了过去由某些著名科学家所生成和使用过的数据，并且发现了有些"并不是非常诚实的，那些科学家所得到的数据并不总是他们报告的结果."霍尔顿(Haldane, 1948)指出：

人类是一种常规动物，并不能模仿自然界的无序.

基于人类大脑的这个局限，统计学者已经发展了检验伪数据的技术.笔者曾同统计学专业一年级学生共同进行了下列实验来验证霍尔顿的观察结果.

我让学生做了下列实验，结果见表3.3.

表3.3 不同实验的结果

男子数	实际数据		期望值	假想数据	
(每5个一组)	医院	模拟数	(二项分布)	(A)	(B)
(1)	(2)	(3)	(4)	(4)	(6)
0	2	5	6.25	2	5
1	26	27	31.25	20	32
2	65	64	62.50	78	63
3	64	68	62.50	80	61
4	31	32	31.25	17	33
5	9	4	6.25	3	6
总数	200	200	200.00	200	200
χ^2	2.1	2.18		23.87	0.54

(i) 投掷1000次硬币，5次一组记录头朝上的数(见表中第3栏，模拟数).

(ii) 记录某产科医院连续出生的200个婴儿，记录每5个一组中男婴的人数(见表中第2栏，医院).

(iii) 假想你正在投掷一个硬币，记录下想像的 1000 次结果，以 5 个一组记录正面朝上的数字(见表中第 5 栏,假想数据(A)).

(iv) 对一些还没有学习二项分布的学生，我告诉他们假想投掷硬币以 5 次为一组,什么是我期望的每组中正面朝上的频率分布值(见表中第 4 栏)，然后让这些学生写下他们假想投掷硬币 1000 次,正面朝上的结果(见表中第 6 栏，假想数据(B)).

由表 3.3 可以看到,自由度为 5 的卡方检验值对实际观察数据与期望值的差是合适的.卡方检验值在假想数据(A)的情形下太大，这是由于学生想像男女的平衡所造成的，而不是来自随机性地考虑. 对假想数据(B)的卡方检验值来说是难以想像的小，这是由于学生努力使数据拟合已知的期望值.

现在我们来看一下孟德尔的实验所产生的原始数据,基于这些数据孟德尔公式化了性格特征遗传法则,建立了遗传学的基础.费歇在他的一项著名研究中(参见《科学年鉴》,1936 年第一卷，第 115～137 页)检验了这些数据.费歇计算了孟德尔的理论值和多组实验中观察值的差的卡方检验值，其结果列在表 3.4 中.

表 3.4 孟德尔实验产生的观察值与期望值偏差的卡方检验值和概率

检验假设的实验	自由度	卡方值 χ_0^2(观测值)	$P(\chi^2 > \chi_0^2)$
比率 3:1	7	2.1389	0.95
比率 2:1	8	5.1733	0.74
双因子	8	2.8110	0.94
遗传比率	15	3.6730	0.9987
三因子	26	15.3224	0.95
小 和	64	29.1186	0.99987
植物引起的变动	20	12.4870	0.90
总 和	84	41.6056	0.99993

可以看到，表 3.4 中最后一栏每一情形下的概率值都非常大，暗示"为了与理论结果非常接近,数据有可能是伪造的".5 个实验总体这样好的拟合的可能值仅为

$$1 - 0.99993 = 7/100000$$

这个值非常小，费歇对这样罕见的偶然发生事件,作了如下评价：

> 尽管不能期待有任何令人满意的解释，但仍有可能的是孟德尔被他的某些助手欺骗了，这些助手太了解什么是孟德尔所期望的结果.这种可能已经由别的独立的实验证实：形成表 3.4 的实验数据的绝大部分，尽管不全是伪造的,已接近孟德尔的期望.

霍尔顿(1948)列举了若干个由遗传学者提出的数据例子，显示这些数据与假设的理论高度一致.霍尔顿指出，如果一个实验者十分了解一个统计学者使用什么样的检验来检测伪造的数据，那么这个实验者就可以这样来伪造数据，使这些数据在统计者的检验里看起来是无可怀疑的，而且在抽样误差的极限范围内证明他提出的理论.霍尔顿称这种手段为二次伪造.例如，如果一种理论假设两种类型事件发生的比率为 3:1，那么总是可以选择两个数使其比值既不接近 3:1 也不远离 3:1，因而与理论值偏差的卡方值不会太大也不会太小.然而，检测出这样的二次伪造数据的统计方法是存在的.

我曾经要求我的一个科学家同事写出一个有 50 个 H 和 T 的假想序列，来证明 H 和 T 以 1:1 比率出现的理论，而且不要让两者看起来太接近以免让人生疑.这个同事给了如下的序列，其中含有 29 个 H，21 个 T.

T H T H T H H T H H
H T T H T H T H H H
T H H H T H T H T T
H H T T H T T H H H
T H H T T H H H T H

观测值与假设的1:1的理论值之间差的统计量的卡方检验值为

$$\chi^2 = (29 - 25)/25 + (21 - 25)/25 = 1.28$$

与自由度为 1 的卡方值比较，这个值既不太小让人怀疑数据是伪造的，也不太大以致于否定假设的理论.另外，我们可以看到上面 5 行，每行含有 10 个 H 和 T，各行含有 H 的数目为 6，6，5，6，6,与偶然情况下所期望的值比较，这些值似乎过于均匀.实际上，这些值的卡方值为

$$\chi^2 = 2/5 + 2/5 + 0 + 2/5 + 2/5 = 8/5 = 1.6$$

与自由度 5 下的卡方值比较，难以置信的小，显示了所谓的“二次伪造”.

根据韦斯特福尔(R.S. Westfall,《科学》,第 179 卷，第 751～758 页，1973)的看法：发现万有引力的年轻人牛顿是操纵观测值的行家，他能让观测值正好与他的计算值吻合.韦斯特福尔在他的文章(Princpia)中,引用了 3 个具体例子.为了证明地球表面的重力加速度与它轨道上月亮的向心加速度相等，牛顿分别计算了地球表面的重力加速度为

$$15\text{ 英尺 }1\text{ 英寸 }1\frac{7}{9}\text{英线}$$

和月亮的向心加速度

$$15\text{ 英尺 }1\text{ 英寸 }1\frac{1}{2}\text{英线}$$

1 英线 = 1/12 英寸，两者相比，差仅为三千分之一(1/3000). 声音的速度估计为每秒 1142 英尺，精确度为千分之一. 牛顿并估计了精确度为 $50^{ii}01^{iii}12^{iv}$ 的昼夜平分点，其精确度也为三千分之一. 这样高的精确度对牛顿时代的观测技术水平来说是前所未闻的.

布罗德(W. Broad)和韦德(N. Wade)合著的《真理的背叛》中“历史中的谎言”一章里还提到了其他著名科学家的名字. 这里我引用几段：

* 托勒密(C. Ptolemy)——被称为是“古代最伟大的天文学家”,他的绝大多数天文观测不是夜间在埃及海岸进行的，而是白天在亚力山大市的大图书馆中进行的. 他盗用了一位古希腊天文学家的著作，并不断把这些称为是他自己的研究结果.
* 伽利略——总是被称为近代科学方法之父，这是因为他坚持认为不是亚里士多德的著作而是实验，才是真理的仲裁. 但是这位 17 世纪意大利物理学家的同僚们因为非常困难再现他的实验结果，而怀疑他是否真的做了那些实验.
* 道尔顿(J. Dalton)——19 世纪伟大的化学家，他发明了化学链法则并证明了不同种类原子的存在，并发表了一系列高深的实验结果. 但是当代的化学家没有一个能再现他所发表的实验结果.
* 密立根(R. Millikan)——美国物理学家，由于他首先测量了电子的电荷而荣获诺贝尔(Nobel)奖. 但是为了让他的实验结果看起来比实际结果更具说服力，他大量伪造了他的工作.

为什么某些著名的科学家要去篡改事实呢? 如果这些科学家更诚实一点儿的话，会产生什么样的结果呢? (这些疑问是戈士博士提出的. 戈士博士曾为印度统计研究所的所长.)

为了回答这些问题，人们必须认识科学发明的几个方面——首先找出事实(数据信息),然后假定一个理论或是一种法则去解释事实和现象，以及科学家们期望建立优先权去获得同行的承认和由这种承认所得到的利益. 当一个科学家确信他的理论时，便存在一种诱惑，使得他去寻找“事实”或歪曲事实以便拟合他自己的理论. 在可接受的误差范围内与理论一致的概念，直到假设检验的统计方法出现之前，是不存在的. 可以认为：一个与数据信息更接近的结论意味着更准确的理论和更使人信服的证据来使同行接受. 由于统计思想的出现，现在我们已经认识到——过于与数据信息接近的结果，可能意味着是一个伪造的理论! 近代，也有很多关于伪造数据来建立错误的假设结果的例子，如前面提到的英国的伯特爵士. 这些已经对社会和科学的进步产生了一定的危害.

3.2.4 拉查尼(Lazzarini)和 π 的估计

第 1 章中，我已谈到可以怎样利用随机数的蒙特卡罗模拟方法使我们来解决一些数学上很棘手的复杂问题，例如计算复杂的积分、复杂图形的面积、未知参数的估计等等.下面我将叙述蒙特卡罗法的一个有趣的应用，如何对圆的周长与其直径的比率 π 的估计，这里

$$\pi = 3.14159265\cdots$$

很多读者已经知道蒲丰(Buffon)针的问题. 18 世纪，法国的自然科学家蒲丰计算出:随机投掷一根长度为 L 的针到间隔为 $a(>L)$ 的平行线束时，其针与平行线相交的概率为 $p = 2L/\pi a$. 如果我们随机重复多次投掷一根针，当投掷次数 N 很大、且针与线相交的次数为 R 时，可求出 p 的估计为 R/N，即当 $N \to \infty$ 时，几乎必然成立

$$R/N \to p$$

也就是说当 N 变大时，R/N 一致收敛于 p. π 的蒙特卡罗估计值可由渐进方程 $R/N \approx \dfrac{2L}{\pi a}$ 得到(这里给定 L/a),则 π 的一个近似值为

$$\hat{\pi} \approx \frac{2L}{a}\frac{N}{R} \tag{F}$$

如果没有任何确定 π 的计算方法时，可从公式(F)得到一个估计值，此时仅需要长度为 L 的一根针和一张描出了间隔为 a 的平行线束的纸，以及相当的耐心去机械地、长时间地投掷一根针.

一些人已有耐心去做过这种实验并报告了他们所得的 π 值. 当然，所有的实验并不产生同样的结果，但如果 N 变大时，不同的这些值会很接近. 据记载，德国法兰克福的沃尔夫教授在 1850～1860 10 年间，把一根长为 36 毫米的针共投掷了 5000 次，平行线束的间隔为 45 毫米，观察到针和线相交的次数为 2532 次. 利用公式(F)，得到一个 π 估计值为 $\pi = 3.1416$，其误差为百分之零点六. 据说从 1890 年到 1900 年间，一个叫福克斯的人“非常小心地”投掷了 1200 次，得到 $\pi = 3.1419$. 求得 π 的最准确估计值的是意大利数学家拉查尼(Lazzarini，他的名字常常被参考他的工作结果的后人误拼写为 Lazzerini). 他在 1901 年的《数学期刊》中详细报告了他所做实验的结果,在 3408 次投掷中，成功了 1808 次,代进(F)方程，得到

$$\frac{1808}{3408} \approx \frac{2L}{\pi a} = \frac{5}{3\pi}$$

利用已知 $L/a = 5/6$,给出 π 的一个估计值为

$$\hat{\pi}=\frac{10}{6}\frac{1808}{3408}=\frac{5}{3}\frac{16\times 213}{16\times 113}=\frac{5}{3}\frac{213}{113}=\frac{355}{113}=3.1415929$$

这个值与真值的差仅在小数点后第7位上.

注意到上述计算过程中所出现的奇妙的数字，由这些数字漂亮地产生出比值355/113作为π的近似值，这个比值被认为是π含有小数的最佳有理近似值.(实际上,这个值是公元5世纪中国数学家祖冲之算出来的.)π的另一个含有较高位数的有理近似值为52163/16604. N. T. Gridgeman(Scripta Mathematica,1961)和T.H. O'Beirne(《新科学家》, 1961)分别调查了此事，由他们的调查清楚地显示了拉查尼玩的游戏. 当 $L/a = 5/6$ 时，为了得到比率355/113，R/N 必须为113/213. 这就是说，至少要在213次实验中,得到113次成功，或是在$213K$次实验中成功$113K$次，K为任意正整数.在拉查尼的情形中 $K = 16$. 这里考虑两种可能，一种是拉查尼一次也没做过他文中详细描述的实验，仅仅报告了他所希望得到的数字.或者,拉查尼做了不止213次实验，直到观察得到他所希望的成功次数才停止实验.像拉查尼做的那样重复实验16次，得到所希望的成功次数即113×16的概率为1/3.

拉普拉斯在他所著的《概率的理论分析》一书中写到：

> 值得注意的是，由观察偶然性游戏开始的一门科学竟会已经成为人类知识中最重要的研究对象.

拉普拉斯并未提到用来获得新知识的技术有时会被操纵用来支持一个错误的主张.或许,他一定想到了通过考察相同的偶然性的游戏，这样的谬误迟早会被发现.

3.2.5 剔除异常值与数据的选择利用

被认为是电子计算机先驱的计算器发明者英国科学家拜比吉(C. Babbage)，1830年在他所著的《关于英国科学衰退的考察》一书中，把某些科学家在处理数据和使用数据时所采取的欺骗态度分为下列几类：

(i) 修饰数据:“修剪那些与平均值有极大差异的观察值，贴补那些看起来与平均值相比似乎太小的值.”

(ii) 加工数据:“为了使普通的观测值看起来最正确而采用各种各样的技巧.其中之一就是进行多次重复观察，从中只选择那些一致的,或非常接近一致的观测值.如果一个厨师不能从100个观测值中选择出15或20个所需要的，他会感到很失望.”

(iii) 伪造数据:“从未做过的观测数据记录.”

迄今，我已谈到了伪造数据或无中生有产生的数据.下面，将讨论处理数据中所出现的异常值和不相容值这样更棘手的问题.

如何处理那些看起来是极值，或换句话说，那些与其他值不一致的观测值呢？处理“异常值”和“污染的数据”这样的棘手问题属于现代研究的领域之一.遗憾的是，除了对上面提到的修饰数据作一些有理化和某些统计上的调整以外，至今人们还没有满意的解决方法.或许，当怀疑存在异常值时，应采取的科学方法是考虑下列几种可能的情形：

* 异常值是测量或记录中一个显著错误的结果.
* 与异常值有关的单位(或个体)并不属于所研究的总体，或者与样本中其他部分有本质的区别.
* 所研究总体的测量值的分布为厚尾分布，因而较大值的出现并不罕见.

处理怀疑为异常值的观测值的第一步就是验证总体中有关的部分，如有可能，对照上面列出的情形检查每一个可怀疑的部分.也许可以找到合适的处置方法来处理那些值得怀疑的异常值.偶尔，当再次测量有差异的观测值时，会导致新的发现！然而，当某一观测值被怀疑是异常值时，这样的验证，即回到观测的原点，并不总是可行的.因此，自动检索这样的数据，收集并记录补充信息是很重要的.当不可能对样本单位进行再检验或再检验费用太高时，人们可依赖于纯统计学检验去确定：

* 是否从研究对象的总体中剔除异常观察值，而把剩下的部分作为通常的样本(有效样本).
* 是否从研究对象的总体中剔除异常观察值，同时在统计分析的意义下做出相应的修正.
* 是否接受(“从更哲学的观点上来说”)那些看起来似乎是异常值的观测值是研究总体中的正常现象，再利用合适的模型进行统计分析.

目前还没有适当的统计方法来处理上述提到的问题，但是统计学者们正在从稳键推断、检出异常值和有影响观察值等各个方向进行这个方面的工作，也许结合由交叉数据检验所得到的信息，可以在推断数据分析中提供一个统一的理论.这里提供一个例子供读者参考.

下面的例子表明，决定省略或不省略一个异常值或不真实的观察值有时会陷入非常左右为难的境地.假设从期望值为 μ，标准差为 σ 的总体中得到 N 个观测值，其样本平均值为 $\bar{x}$，又从另一个期望值为 υ、标准差为 σ 的总体中得到 M 个值，其样本平均值为 $\bar{y}$.如果忽视 $\bar{y}$ 来自于污染的观测值这样一个事实，则 μ 可用

$$\hat{\mu} = (N\bar{x} + M\bar{y}) / (N + M)$$

来估计.记 $\upsilon - \mu = \delta\sigma$.如果当 $\delta \leqslant 1$，且 $M = 1$ 与 N 的大小无关时，总有 $\delta^2 < M^{-1}$

$+N^{-1}$，则有①

$$E(\hat{\mu}-\mu)^2=\frac{\sigma^2}{N+M}\left(1+\frac{M^2\delta^2}{N+M}\right)<V(\bar{x})=\frac{\sigma^2}{N}$$

在统计学者都知道的最小二乘均方误差标准下，含有一个异常值的总体其均值与要比较的参数标准偏差相差1时，会提高对 μ 的估计效果. 这样的改进在小样本的情况下是相当可观的.

3.3 媒介分析

先生："太阳和月亮中，哪一个更重要?"

学生："当然是月亮了，因为月亮是在最需要光亮的时候发光."

在作出决策时，人们不得不考虑到所有有用的证据，其中有的也许是从不同渠道所获得的多种信息，有的也许是专家们的意见. 这时要注意的是以下几个问题：

* 各种信息可信赖的程度如何?
* 各种信息与要调查研究课题的相关程度有多大?
* 各种不同渠道的信息是否一致?
* 从各种渠道获得的信息可能不完全一致时，我们应如何综合利用这些信息来得到一个结论呢?

以上这些问题并不是新问题，但在一次调查研究中通常并没有强调要同时考虑这些问题. 所谓媒介分析，其目的就是要尝试系统地来研究这些问题.

对任意问题相关的信息的主要来源是杂志上发表的论文或是来自特别的报告. 但这些也许并没有代表对给出问题的所有的研究. 例如那些没有获得成功结果的研究报告是不会发表的. 杂志的编辑们阻止发表那些统计显著性在传统检验水平(如 $p<0.05$)下没有结果的研究. 这些未发表的结果终止在调查者们的文件抽屉里，而不能用于评论考察. 在媒介分析中，拒绝不利结果研究中所提到的有偏性就是指的文件抽屉问题. 已经有一些方法来调整从而最小化这样的有偏性的影响.

对每一条信息的评价能够使我们决定这一信息在归纳中所占的比重. 但是，综合归纳所要求的各种信息必须互相没有矛盾. 最终要选择一个合适的方法使其能糅合各种信息，同时显示出最后结果的可信赖性. 所有这些要求我们慎重利用有效的统计方法，从数据的精密检查到数据的推断分析，或许也需要能解决问题

① 统计学中符号 $E(X)$ 表示变量 X 的期望值，$V(X)$ ($VAR(X)$) 表示变量 X 的方差.

的哲学论理,就像前面引用的教师和学生的对话一样.

3.4 推断数据分析与结束语

不知道问题是什么而要回答问题,当然这对任何人来说都是不寻常的.也就是说,一个人连什么病都不懂,却要去开药方.

尼赫鲁(J. Nehru)

所谓推断数据分析,是基于一指定的随机概率模型来估计未知参数,进行相应的假设检验,预测未来的观测值,以及作出决策等的统计方法.模型的选择也许取决于我们要从数据中所获得的特殊信息.所以,所选择的模型不必要求能解释全部观测所得的数据,而是仅需对指定的问题提供有效的回答.

要回答由客户提出的问题而进行的数据分析并不是统计学者们仅有的工作.为了了解给定数据的性质,要进行更广泛的数据分析,以便发现所拥有的数据能回答哪些问题,从而提出新问题和计划进一步的调查研究.

利用不同的随机概率模型来分析给定的数据并且检验所出现的不同结果,这也是数据分析的一种很好的实践.这样的过程比对从一个大范围的随机模型族中寻找稳键的推断过程更能说明问题.应该探索在同一组数据下利用不同的模型来回答不同问题的可能性.

在特定模型下进行分析时,有可能显示出数据的一些新的特征,也许会要求对数据分析最初的计划作出一些调整,因而推断数据分析应该是具有交互作用的.

评价某些统计过程的模拟研究,以及在复杂数据结构下用于估计参数估计量方差的自助法(bootstrap)和刀切法(jack-knife)(Efron, 1979)均在很大程度上依赖于计算机的应用,尽管在解释这些数据分析的结果时需要谨慎,但这些研究已经给数据分析增添了新的内容.

在数据分析中通常有一种意见认为:一旦保证了模型的有效性则存在分析数据的最优方法,如基于给定的样本,利用 $\bar{x}$ 作为正态分布均值的估计量,或是作为基于无放回抽样基础上的有限总体的均值的估计量.后一种情形的例子可考虑如下:随机选取种植的三棵树为样本来估计一行果树的平均产量.假设随机抽取的三棵树的产量观测值为 x_1, x_2, x_3,则一个可用的估计量为 $\bar{x} = (x_1 + x_2 + x_3)/3$. 然而,如果在随机抽取样本后,我们发现其中相邻的两棵树很接近其所对应的产量的值,如为 x_1 和 x_2,则我们可提出总体平均值的另一估计量 $\hat{x} = (y + x_3)/2$, 这里 $y = (x_1 + x_2)/2$.可以看到,在至少选择两棵树相邻的情形中,如果相邻两树的产量是极大相关的,则样本的 $\hat{x}$的方差小于 $\bar{x}$ 的方差.应该探索开发对在同一随机概率模型下得到的样本数据的不同结构利用不同方法的策略.

下面，考察所谓“加尔各答”问题.假设某人毫不了解西孟加拉省的加尔各答和其余城市和乡镇(以此为计算单位)人口的显著差别，而试图直接从这些无替换单位中所取的一个简单样本来估计西孟加拉省的总人口.这种情形下通常所用的公式为：$N\bar{x}$，N 表示西孟加拉省所含单位的总数，$\bar{x}$ 为 n 个随机抽样单位的样本平均值，很多情形下 $N\bar{x}$ 被证明为最优.这里我们假设加尔各答含在随机样本中，它的人口数高于西孟加拉省任一单位人口数的好几倍.这时，如果假设 $N\bar{x}$ 为全省人口的估计量将会是一个大灾难，特别是当样本量 n 很小时. 如果此时假设 x_1 为样本中加尔各答的人口数，则西孟加拉省总人口数的一个合理的估计应为

$$x_1 + \frac{N-1}{n-1}(x_2 + \cdots + x_n)$$

我们所做的是：在看到一个特殊观测值集合后进行分层.

统计学者常常被要求对某一数据集合的处理提供合适的统计方法(或者是软件程序)，而没有机会对这些数据做交叉检验. 这时我们应该向对方说明：统计处理不是简单地通过电话开的一张处方，或是在商店柜台买的东西.所收集的数据必须经过一定的诊断检验，而且如果数据具有某些特殊的特征时，必须要在处理过程中考虑，在这样的统计处理中还要不断地监视整个过程，以决定是否需要对原定的处理做出修改.

让我来总结一下.统计分析的目的是“从观测得到的数据中提取所有的信息”.所记录的数据中有时有某种缺陷，如存在记录误差和异常值，有时甚至可能是伪造的，一个统计学者首先应做的尝试是详细考察或交叉检验数据，以便发现可能有的缺陷并了解数据的特征.下一步则是利用先验信息和交叉核实技术，对数据提出一个合适的随机概率模型.基于被选择的模型进行数据推断分析，包括未知参数的估计，假设检验，对未来观测值的预报以及做出决策.建议在可能的情形下，利用多个不同的模型来检验数据，比起对可能利用的模型使用稳键过程来说可以获得更多的信息.数据分析也一定会对提出新问题和计划进一步的调查研究提供信息.

最后，我必须强调统计学家和实验科学家需要合作研究.一个统计学家可以帮助科学家设计有效的实验以便在科学家提出的问题上获得最多信息，从而使科学家能检测自己提出的假设，并且在数据产生矛盾迹象时进行修改.就如现代实验设计之父费歇所指出的：

> 实验结束后，向一个统计学家咨询的常常是要他提出一个后续的检验.他或许能指出实验失败的原因.

参 考 文 献

Chatfield C. 1985. The Initial Examination of Data. J. Roy. Stat. Sco. A, 148, 214～253

Cleveland W S. 1993. Visualzing Data. AT&T Bell Laboratories, Murray Hill, New Jersey

Efron B. 1979. Bootstrap Methods: Another Look at Jack-Knife. Ann. Statist. 7, 1～26

Fisher R A. 1922. On the Mathematical Foundations of Theoretical Statistics. Philos. Trans. Roy. Soc. 222, 309～368

Fisher R A. 1925. Statistical Methods for Research Workers, Olivia and Boyd

Fisher R A. 1934. The Effect of Method of Ascertainment upon Estimation of Frequencies. Ann. Eugen. 6, 13～25

Fisher R A. 1934. Has Mendel's Work Been Rediscovered? Annals of Science 1, 115～137

Fox J P, Hall C E and Elveback L R. 1970. Epodemiology, Man and Disease. MacMillan Co, London

Hacking Ian. 1984. Trial by Numbers. Science 84, 69～70

Haldane J B S. 1948. The Faking of Genetic Results. Eureka 6, 21～28

Mahalanobis P C. 1931. Revision of Risley's Anthropometric Data Relating to the Tribes and Castes of Bengal. Sankhya 1, 76～105

Mahalanobis P C. 1944. On Large Scale Sample Surveys. Philos. Trans. Roy. Soc., London, Series B, 231, 329～451

Majumdar D N and Rao, C. C. R. 1958. Bengal Anthropometric Survey. 1945: A statistical study. Sankhya, 19, 201～408

Mosteller F and Tukey J W. 1968. Data Analysis Including Statistics. In: Handbook of Social Psychology, Vol. 2(Eds. G. Linzey and E. Aronson), Addison-Wesley

Mukherji R K, Rao C R and Trevor J C. 1955. The Ancient Inhabitants of Jebel Moya. Cambridge University Press

Neyman J and Pearson E S. 1966. Joint Statistical Papers by I. Neyman and E. S. Pearson, Univ. of California Press, Berkeley

Pearson K. 1914～1915. On the Probability that Two Independent Distributions of Frequency are really Samples of the Same Population, with Special Reference to Recent work on the Identity of Trypanosome strain. Biometrika, 10, 85～154

Pitman E J G. 1937. Significance Tests Which May Be Applied to Samples from Any Population. J. Roy. Statist. Soc. Ser. B, 4,119～130

Rao C R. 1948. The Utilization of Multiple Measurements in Problems of Biological Classification. J. Roy. Statist. Soc. B, 10, 159～203

Rao C R. 1971. Taxonomy in Anthropology. In Mathematics in Archeological and Historical Sciences, Edin. Univ. Press, 329～358

Rao C R. 1987. Prediction of Future Observations in Growth Curve Models. Statistical Sciences, 2, 434～471

Shewart W A. 1931. Economic Control of Quality of Manufactured Product. D. Van Nostrand, New York

Tukey J. 1962. The Future of Data Analysis. Ann, Math. Statist., 30, 1～67

Tukey J. 1977. Exploratory Data Analysis (EDA). Addison Wesley

Urmila P. 1982. Morphological and Genetic Composition of Gonds of Central India: A statistical study, Ph.D. Thesis, Submitted to Indian Statistical Institute

Wald A. 1950. Statistical Decision Functions. Wiley, New York

本章没有引用的附加参考文献

Andrews D F. 1978. Data Analysis, Exploratory. In: International Encyclopedia of Statistics (W. H. Kruskal and J.M. Tanur, ed.), 97～106. The Free Press, New York

Anscombe F J and Tukey J W. 1963. The Examination and Analysis of Residuals. Technometrics, 5, 141～160

Bertin J. 1980. Graphics and Graphical Analysis of Data. DeGruyter, Berlin

Mallows C L and Tukey J W. 1982. An Overview of The Techniques of Data Analysis, Emphasizing Its Exploratory Aspects. In: Some Recent Adavances in Statistics, 113～172, Academic Press

Rao C R. 1971. Data, Analysis And Statistical Thinking. In: Economic and Social Development, Essays in Honor of C.D. Deskmukh, 383～392 (Vora and Company)

Watcher K W and Straff M L. 1990. The Future of Meta Analysis, Russel Sage Foundation

第 4 章　加权分布——有偏数据

科学主要是要建立模型，并不是试图去说明而且也很少去解释什么。这里所说的模型是指一种数学结构，再加上某种特定语言的解释来描述所观察到的现象。建立这样一种数学结构的理由惟一而且明确地由人们所期待的它的机能来决定。

冯·诺伊曼(von Neumann)

4.1　设　　定

统计推断，也就是基于从总体中抽取的样本来做出有关总体的叙述时，有必要确认所有可能抽取样本的集合，记为样本空间 Ω，记 P 为支配样本所属的实际概率分布的概率分布族。推断分析中很大程度依赖于 P 的选择，我们称之为设定。错误的设定可以导致错误的推断，统计术语中，有时称这种错误为第 3 种错误。

设定的问题不是一个简单的问题。要得到一个正确的设定，一个基本因素是要对如何得到数据的实际过程有一个详细的了解。采用野外观察和非实验数据时的情形更为复杂，此时自然界按某个特定的随机模型产生事件，事件再由现场观察者观察并记录下来。设计一个抽样调查并不总是存在一个合适的抽样结构来保证所发生的事件具有指定的(通常是相等的)机会成为样本。实际上，自然界所发生的所有事件并不能产生抽样结构。例如，某些事件不可能被观察到，因而在记录中缺失。在这种情形下就产生了所谓的截尾样本、截断样本或不完全样本。或者，一个发生的事件仅以一定的概率能被观察到，其概率大小依赖于事件固有的性质，如它的显著性和用于观察的过程，其结果成为不等概率抽样。或者事件的发生随观察的时间或过程随机地变化，因而所记录到的实际上是修正了的事件。在统计分析中，这种变化或损伤必须进行适当的模型化。有时，事件来自两个或两个以上具有不同的随机结构的不同渠道，这些混杂在一起进入同一记录，结果成为污染了的样本。所有这些情形如果不进行适当的修正，对原始事件(将要发生)的设定与查明得到的事件(观察到的数据)便不一定吻合。

费歇(1934)在一篇经典论文中说明了依赖数据所获得的方法来调整设定的必要性。本书作者劳在他的著作(1965,1973,1975,1977,1985)中发展了费歇的基本思想，提出了一种称为加权分布的理论，其作为一种调整的方法可以应用于很多情形。下面，通过对一些实例的讨论来叙述一般理论。读者阅读本章时可以跳过某些数学结果的证明.

4.2 截断分布

某些事件尽管已经发生，但也许有不可观测的部分. 因而所观察的分布在样本空间中的某个部分是截断的. 例如，如果我们调查一只昆虫产卵个数的分布，则产卵个数为零的事件是不可观测的. 另一个例子是考虑双亲均是缺乏色素的白化病患者、而他们子女却没有因缺乏色素而患白化病这样的家庭的频数. 除非父母有患白化病的子女，一般没有证据说明双亲是缺乏色素的白化病患者. 因此，双亲是白化病患者没有患白化病子女的家庭已经与正常的家庭混在一起了. 这样，双亲患白化病家庭而子女患白化病人数为零的事件的实际频率是不能确定的.

一般来说，如果设 $p(x,\theta)$为随机变量 X 的概率密度函数,(X 为连续变量时，$p(x,\theta)$表为概率密度函数; X 为离散变量时，$p(x,\theta)$表为概率.) θ 表为未知参数，随机变量 X 在样本空间 Ω 的特定子空间 $T\subset\Omega$ 内截断，此时，截断随机变量 X^{T} 的概率密度函数为

$$p^{\mathrm{T}}(x,\theta)=\frac{w(x,T)p(x,\theta)}{u(T,\theta)} \tag{4.1}$$

这时,如果 $x\in T$, $w(x,T)=1$; $x\notin T$, $w(x,T)=0$, $u(T,\theta)=E[w(X,T)]$. 公式(4.1)表示经一个适当的函数加权后的原始概率密度函数，这是加权概率分布的一个简单例子. 下一节将给出加权概率分布的一般定义.

假设在试验次数为 n、成功事件的概率为 π 的二项分布抽样中，事件为零是不可观测的. 记 R^{T} 表示截断二项随机变量 TB(truncated binomial)，则

$$P(R^{\mathrm{T}}=r)=\frac{n!}{r!(n-r)!}\frac{\pi^r(1-\pi)^{n-r}}{1-(1-\pi)^n},\ r=1,\cdots,n \tag{4.2}$$

对这样的分布，有

$$E(R^{\mathrm{T}})=\frac{n\pi}{1-(1-\pi)^n},\ E(R^{\mathrm{T}}/n)=\frac{\pi}{1-(1-\pi)^n} \tag{4.3}$$

(4.3)中的值比起完全二项分布情形下分别对应的 $n\pi$ 和 π 来说要大一些.

下面的数据来自欧洲某一教授的私人电话簿，所记载的是一些女学生家庭中的兄弟姐妹的人数(括号中第一个数是包括女学生本人在内的姐妹的人数，第二个数是她兄弟的人数).

(1,0), (1,0), (1,1), (1,1), (1,1), (1,1), (1,1), (1,1), (1,1), (1,1)

(1,1), (2,0), (2,0), (2,0), (2,1), (2,1), (2,1), (2,1), (1,2), (1,2)

$$(3,0),(3,1),(3,1),(1,3),(1,3),(4,0),(4,1),(1,4) \tag{4.4}$$

因为所记载的家庭至少有一个女孩，所以我们试着来看看这些数据是否来自除去女孩观测数为零的截断二项分布(即二项分布在零处截断).设 $f(n)$为具有 n 个子女(即被观察的家庭中子女总人数为 n)的家庭的观测频数，并设女孩人数的概率为 $\pi=0.5$，则女孩数 r 来自截断二项分布假设下的期望值为

$$\sum_{n=1}^{5} f(n)E(r \mid n) \tag{4.5}$$

把(4.4)的数据代入公式(4.3)和(4.5)，得到如下结果①：

子女数	观测值	期望值
女孩	47	46
男孩	30	31

上述结果显示：在截断二项分布的假设下观测数据与对应的期望值的结果非常接近.但是，在类似的情形下，利用下列数据却产生了不同的结果.下面这些数据是加尔各答一个男学生所认识的10个女孩子家庭中的子女人数，排列法同上.

$$(2,1),(1,1),(3,0),(2,0),(3,1),(1,0),(2,1),(1,0),(1,1),(1,1) \tag{4.6}$$

在同样的假设下，女孩数来自截断二项分布的期望值为14.6(由公式(4.3)和(4.5))，而观测值为17. 因而截断二项分布的假设对数据(4.6)不合适. 看起来欧洲的教授和加尔各答的男学生所结识的女孩的结构是不同的.

要注意的是，如果我们在某一城市抽取一些家庭作为样本，调查每一个家庭中的兄弟姐妹人数(即子女人数)，则预期女孩的人数来自完全二项分布. 如果从获得的数据中略去那些没有女孩的家庭，则数据就来自截断二项分布.欧洲教授的数据是从至少有一个女孩的家庭的集合中抽取的.下一节我们将看到由随意碰到的男孩或女孩调查他们的兄弟姐妹人数是来自不同的分布的.上面提到的加尔各答的男学生的情形大约是属于这种类型.

---

① 对(4.4)数据来说，有如下结果：

n	1	2	3	4	5
$E(r\|n)$	1	4/3	12/7	32/15	80/31
$f(n)$	2	12	7	5	2

因此，女孩数的期望值为 $\sum_{n=1}^{5} f(n)E(r\mid n)=45\frac{77}{93}\approx 46$.——译者注

4.3 加权分布

上一节中，我们已经考虑了某些事件不可观测的情形. 但更一般的情况是已经以一定的概率记录下某一事件的发生(或是已经包含在样本中). 设 X 为随机变量，其密度函数记为 $p(x,\theta)$,θ 为参数. 设当 $X=x$ 发生时所记录下来的概率为 $w(x,\alpha)$，其取决于观测值 x 也许同时还取决于一个未知参数 α. 这样得到的随机变量记为 X^w，它的概率密度函数为

$$p^w(x,\theta,\alpha) = \frac{w(x,\alpha)p(x,\theta)}{E[w(X,\alpha)]} \tag{4.7}$$

尽管在导出公式(4.7)时，我们选择 $w(x,\alpha)$使其满足 $0\leqslant w(x,\alpha)\leqslant 1$，但一般说来,在 $E[w(x,\alpha)]$存在时,我们可对任意非负函数 $w(x,\alpha)$定义(4.7). 这样得到的密度函数称为 $p(x,\theta)$的加权形式，记为 $p^w(x,\theta)$. 特别是当 $f(x)$为 x 的单调函数时，加权分布：

$$p^w(x,\theta) = \frac{f(x)p(x,\theta)}{E(f(X))} \tag{4.8}$$

称为是 X 的容量有偏分布(size biased distribution). 当 X 为一维变量且非负时，由劳(1965)介绍的加权分布

$$p^w(x,\theta) = \frac{x^\alpha p(x,\theta)}{E(X^\alpha)}, \tag{4.9}$$

已经用于很多实际问题(参见 Rao(1985)). 当 $\alpha=1$ 时,称为长度(容量)有偏分布. 例如，如果 X 服从对数级数分布

$$P(X=r) = \frac{\theta^r}{-r\log(1-\theta)},\ r=1,2,\cdots \tag{4.10}$$

则长度有偏变量的分布为

$$P(X^w=r) = (1-\theta)\theta^{r-1},\ r=1,2,\cdots \tag{4.11}$$

这表明 X^w-1 服从几何分布. 已经发现截断几何分布对家庭人数的观测分布有很好的拟合性(Feller, 1968). 但是，如果有关家庭人数的信息是从在校学生中获得的，则观测值可能服从容量有偏分布. 这种情形下,几何分布对家庭人数观测值的优良拟合，实际上是指其本身的基础分布为一对数级数分布.

如劳(1965,1985)指出的那样,在很多离散分布的情形中,容量有偏分布的形式与其原始分布的形式是属于同一分布族的. 对数级数分布是一个例外.

自劳(1965)公式化加权分布的概念以来，已经出现了大量的有关文献. 帕梯(Patil, 1984)的文章中列举了大量的参考文献，特别是对加权分布研究的早期贡献可参考 Patil 和 Rao(1977，1978)，Patil 和 Ord(1976). Rao(1985)综合报告了迄今为止的研究工作和某些新的成果.

4.4 随机比率抽样法(p. p. s. 抽样法)

应用加权分布的一个例子可参见人们利用不等概率抽样法或概率比例p. p. s. 抽样法(probability proportional to size)进行的抽样调查. 一般在含有两个随机变量 X 和 Y 的样本抽样中，(X, Y)的联合概率密度函数为 $p(x, y, \theta)$，加权函数 $w(y)$仅与 y 有关，则(X, Y) 的加权联合概率密度函数为

$$p^w(x, y, \theta) = \frac{w(y)p(x, y, \theta)}{E[w(Y)]} \tag{4.12}$$

样本抽样中，由服从概率密度函数(4.12)的随机变量(X^w, Y^w)的观测值来推断参数 θ.

有趣的是，X^w 的边缘分布为

$$p^w(x, \theta) = \frac{w(x, \theta)p(x, \theta)}{E[w(X, \theta)]} \tag{4.13}$$

它是 $p(x, \theta)$的加权形式，权函数为

$$w(x, \theta) = \int p(y \mid x, \theta)w(y)\mathrm{d}y \tag{4.14}$$

给定一个大小为 n、来自分布(4.12)的样本

$$(x_1, y_1), \cdots, (x_n, y_n) \tag{4.15}$$

此时感兴趣的一个参数、即关于原始概率密度函数 $p(x, y, \theta)$的均值 $E(X)$的一个估计量为

$$\frac{E[w(Y)]}{n}\sum_{i=1}^{n}\frac{x_i}{w(y_i)} \tag{4.16}$$

这是 $E(X)$的一个无偏估计量. 而估计量

$$\frac{1}{n}\sum_{i=1}^{n}x_i \tag{4.17}$$

为 $E(X^w)$的一个无偏估计量，这里 $E(X^w)$为(4.13)式中加权概率密度函数 $p^w(x, \theta)$的均值.

4.5 加权二项分布：经验定理

如果在任意时间和任意地点在一个班级或是任一个集合中调查其中每一男性所拥有的兄弟人数(包括被调查的男性本人)和姐妹人数，则出现下面的问题.如果 B，S 分别代表被调查男性所拥有的全部兄弟人数和姐妹人数，问 $B/(B+S)$ 的渐进值为多大？显然我们是从至少有一个男孩的具有截断分布的家庭中抽取的样本，因而 $B/(B+S)$ 的值应大于 1/2，但到底大多少呢？十分惊奇的是，如果被调查的男性人数 k 不是很小时，我们可以正确预测 B 和 S 的相对大小，以及比率 $B/(B+S)$ 的值.这可表为如下的经验定理.

经验定理 1 设 k 为在任意地点任意时间任一集合中观测到的男性样本人数，B 为其全部兄弟人数(包括 k 个男性在内)，S 为姐妹总人数，则可做如下预测：

(i) B 远大于 S.

(ii) $B-k$ 近似等于 S.

(iii) $B/(B+S)$ 大于 1/2，接近 $\dfrac{1}{2}+\dfrac{k}{2(B+S)}$.

(iv) $(B-k)/(B+S-k)$ 接近于 1/2.

如果数据是从一个女性集合中收集到的，则 B 和 S 的位置颠倒.

考虑一个有 n 个子女的家庭.这个家庭拥有的男孩的人数假设服从 $\pi=1/2$，指标为 n 的二项分布,则有 r 个男孩的概率为

$$p(r)=\frac{n!}{r!(n-r)!}2^{-n},\ r=0,1,2,\cdots \tag{4.18}$$

这里，因我们考虑的是至少有一个男孩的事件，则适合的分布应是截断分布.一个可能的结果是截断二项分布(TB)：

$$p^{T}(r)=\frac{n!}{r!(n-r)!}\,\frac{1}{2^{n}-1},\ r=1,2,\cdots \tag{4.19}$$

另一个可能是容量有偏分布(WB)(译注：实际上是加权二项分布，故原书也使用略写符号 WB)

$$p^{w}(r)=\frac{2}{n}r\binom{n}{r}\left(\frac{1}{2}\right)^{n}=\binom{n-1}{r-1}\left(\frac{1}{2}\right)^{n-1},r=1,2,\cdots \tag{4.20}$$

劳(1977)指出，对各种观测数据来说,公式(4.20)比(4.19)更合适.基于对上海(中国),马尼拉(菲律宾)和孟买(印度)3 个城市的大学中男性大学生分别调查得

来的数据，表 4.1 给出了不同人数的家庭中兄弟人数的频率分布的观测数据，以及分别在截断二项分布 TB(4.19)和容量有偏分布 WB(4.20)假设下的期望值.

从表 4.1 中可知，WB(加权二项分布)比 TB(截断二项分布)的拟合性更好，并显示具有 r 个兄弟人数的家庭是按 r 进行概率比率抽样的.

表 4.1 不同人数家庭中男孩的观测频数以及假设 TB 和 WB 下的期望值

(数据来自上海，马尼拉，孟买的男性大学生)

兄弟人数	$n=1$			$n=2$			$n=3$		
		期望值			期望值			期望值	
	观测值	TB	WB	观测值	TB	WB	观测值	TB	WB
1	6	6	6	24	28.7	21.5	12	20.1	11.7
2				19	14.3	21.5	24	20.2	23.6
3							11	6.7	11.7
和	6	6	6	43	43.0	43.0	47	47.0	47.0
1	8	11.2	5.3	5	6.5	2.5	1	1.9	0.6
2	10	16.8	15.7	8	12.9	10.0	4	4.8	3.1
3	17	11.2	15.7	15	12.9	15.0	4	6.3	6.3
4	7	2.8	5.3	10	6.5	10.0	9	4.8	6.3
5				2	1.2	2.5	2	1.9	3.1
6							0	0.3	0.6
和	42	42.0	42.0	40	40.0	40.0	20	20.0	20.0

如接受加权二项分布(即容量有偏分布)(4.20)的假设，立即可得

$$E(r \mid n) = \sum_{r=1}^{n} r \binom{n-1}{r-1} \left(\frac{1}{2}\right)^{n-1} = \frac{n+1}{2} \tag{4.21}$$

$$\Rightarrow E(r-1) = \frac{n-1}{2} \tag{4.22}$$

如果观测数据为$(r_1, n_1), \cdots, (r_k, n_k)$，$S = T - B$，$B = r_1 + \cdots + r_k$，$T = n_1$

$+\cdots+n_k$,则对给定的 T 值，有

$$E(B-k)=\sum_1^K E(r_i-1)=\sum\frac{n_i-1}{2}=\frac{T-k}{2}=E(S) \tag{4.23}$$

$$E(B)=\frac{T+k}{2},\ E\left(\frac{B}{T}\right)=E\left(\frac{B}{B+S}\right)=\frac{1}{2}+\frac{k}{2(B+S)} \tag{4.24}$$

如果在(4.23)和(4.24)中除去期望值的符号，就得到经验定理 1 中所叙述的渐进等式.

过去 20 年里,我在世界各地对学生和教师做讲座时，在听众中收集了他们家庭中的兄弟姐妹人数，所得的结果概括在表 4.2～4.5 中. 可以看到由经验定理 1 所做的预测，在加权二项分布的假设下对各种情形均是吻合的. 作为加权二项分布的进一步检验,计算了各种场合中统计量(4.25)的值. 统计量(4.25)渐进服从自由度为 1 的卡方分布：

$$\chi^2=\frac{4([B-K]-[(T-k)/2])^2}{T-k} \tag{4.25}$$

表 4.2　男性(学生)回答者的数据

地点和时间(年)	k	B	S	$\frac{B}{B+S}$	$\frac{B-k}{B+S-k}$	χ^2
班加罗尔(印度,1975)	55	180	127	0.586	0.496	0.02
德里(印度,1975)	29	92	66	0.582	0.490	0.07
加尔各答(印度,1963)	104	414	312	0.570	0.498	0.04
威尔特(印度,1969)	39	123	88	0.583	0.491	0.09
阿美苔巴(印度,1975)	29	84	49	0.632	0.523	0.35
梯露帕提(印度,1975)	592	1902	1274	0.599	0.484	0.50
波那(印度,1975)	47	125	65	0.658	0.545	1.18
海得拉巴(印度,1975)	25	72	53	0.576	0.470	0.36

续表

地点和时间(年)	k	B	S	$\frac{B}{B+S}$	$\frac{B-k}{B+S-k}$	χ^2
德黑兰(伊朗,1975)	21	65	40	0.619	0.500	0.19
伊斯法罕(伊朗,1975)	11	45	32	0.584	0.515	0.06
东京(日本,1975)	50	90	34	0.725	0.540	0.49
利马(秘鲁,1982)	38	132	87	0.603	0.519	0.27
上海(中国,1982)	74	193	132	0.594	0.474	0.67
哥伦布(美国,1975)	29	65	52	0.556	0.409	2.91
斯泰特科利奇(美国,1976)	63	152	90	0.628	0.497	0.01
和	1206	3734	2501			
平均				0.600	0.503	0.14

注：k = 学生总数，B = 包括调查者本人在内的兄弟人数，S = 姐妹人数. 容量有偏分布假设下 π 的估计值 $=(B-k)/(B+S-k)$.

从表中可以看到所有卡方统计量的值均很小，验证表明加权二项分布是适宜的. [实际上由于这些卡方值太小，有必要进一步考察观测数据的结构.]

表 4.3 女性(学生)回答者的数据

地点和时间(年)	k	B	S	$\frac{B}{B+S}$	$\frac{B-k}{B+S-k}$	χ^2
利马(秘鲁,1982)	16	37	48	0.565	0.464	0.36
洛班斯(菲律宾,1983)	44	101	139	0.579	0.485	0.18
马尼拉(菲律宾,1983)	84	197	281	0.588	0.500	0.00
毕尔巴鄂(西班牙,1983)	14	19	35	0.576	0.525	0.10
上海(中国,1982)	27	28	55	0.662	0.500	0.00

注释 1 由(4.24)，给定平均家庭子女人数 $f=(B+S)/k$ 时，对应于各个 f 值，比率 $B/(B+S)$ 的期望值如下：

$$
\begin{array}{rcccccc}
f: & 1 & 2 & 3 & 4 & 5 & 6 \\
E[B/(B+S)]: & 1 & 0.75 & 0.67 & 0.625 & 0.6 & 0.58
\end{array}
$$

表 4.4 中教授回答的数据略有不同. 从各地得到的估计值均大于 1/2，卡方值

也较大. 这表明适宜这些数据的加权函数应比兄弟人数 r 更高阶. 看起来这些男性教授出身的家庭中儿子的人数远大于女儿的人数.

表 4.4　男性(教授)回答者的数据

地点和时间(年)	k	B	S	$\frac{B}{B+S}$	$\frac{B-k}{B+S-k}$	χ^2
斯泰特科利奇(美国,1976)	28	80	37	0.690	0.584	2.53
华沙(波兰,1975)	18	41	21	0.660	0.525	2.52
波兹南(波兰,1975)	24	50	17	0.746	0.567	1.88
匹兹堡(美国,1981)	69	169	77	0.687	0.565	2.99
梯露帕提(印度,1975)	50	172	132	0.566	0.480	0.39
马拉开波(委内瑞拉,1982)	24	95	56	0.629	0.559	1.77
里士满(美国,1981)	26	57	29	0.663	0.517	0.03
和	239	664	369			
平均				0.642	0.535	3.95

这些数字显示, 在给定家庭的平均人数不超过 6 的情形下, 对任意集合中的男性调查其兄弟和姐妹人数时, 可对兄弟总人数 B 和姐妹总人数 S 做出以下预测:

(i) B 远大于 S.

(ii) 与 1/2 相比, $B/(B+S)$的值更接近于 0.6 或甚至到 2/3.

(iii) $B/(B+S-k)$接近于 1/2,这里 k 为回答问题的男性人数.

使人惊奇的是, 甚至在一个集合中男性人数 k 较小时, 这些预测依然成立. [这是一个很好的课堂练习题目, 也可在任一集合中验证. 可以事先做出这些预测, 然后由从男性(或女性)成员中收集所得的数据来验证.]

注释 2　当 $n=1,2,\cdots$加权二项分布情形下时, 表 4.5 给出 3 个事件 $B>S$, $B=S$, $B<S$ 的概率.

表 4.5　事件 $B>S$, $B=S$, $B<S$ 的概率

n	1	2	3	4	5	6	7	8	9	10
$B>S$	1	$\frac{1}{2}$	$\frac{3}{4}$	$\frac{1}{2}$	$\frac{11}{16}$	$\frac{1}{2}$	$\frac{42}{64}$	$\frac{1}{2}$	$\frac{163}{256}$	$\frac{1}{2}$
$B=S$	0	$\frac{1}{2}$	0	$\frac{3}{8}$	0	$\frac{10}{32}$	0	$\frac{35}{128}$	0	$\frac{90}{512}$
$B<S$	0	0	$\frac{1}{4}$	$\frac{1}{8}$	$\frac{5}{16}$	$\frac{6}{32}$	$\frac{22}{64}$	$\frac{29}{128}$	$\frac{93}{256}$	$\frac{166}{512}$

从表 4.5 可知，对每一个 n，事件 $B>S$ 的概率 $P(B>S)$ 远大于事件 $B<S$ 的概率 $P(B<S)$. 由此可得：

在任意给定的听众总体中，b_g(表男性所属家庭中 $B>S$) 比 b_l(表男性所属家庭中 $B<S$)的比值依赖于家庭人数的分布,有可能增大. 现给出另一个经验定理.

经验定理 2 b_g 对 b_l 的比值近似地等于下列(4.26)和(4.27)右边表达式的比值：

$$E(b_g) = p_1 + \frac{3}{4}p_3 + \frac{11}{16}p_5 + \cdots + \frac{1}{2}(p_2 + p_4 + \cdots) \tag{4.26}$$

$$E(b_l) = \frac{1}{4}p_3 + \frac{1}{8}p_4 + \cdots \tag{4.27}$$

这里 p_n 为有 n 个子女的家庭的个数.

在平均家庭人数较少的西方听众中比率 $b_g : b_l$ 的值很可能比 4:1 还大，而东方听众的比值大于2:1，两者均远大于1:1.［这个现象是可以预测的，并且由要求听众举手回答是否属于类型 $B>S$ 或者是类型 $B<S$ 的家庭所得的分类数据可以验证这个现象. 这也是一个很好的课堂练习题目，也可在任一集合中验证.］

注释 3 设家庭人数 $N=n$,子女中兄弟数为 $B=b$ 时的概率为 $p(b,n)$，并且假设选择这样一个家庭的概率是与 b 成比率的，则有

$$p^w(b,n) = \frac{bp(b,n)}{E(B)} = \frac{bp(n)p(b \mid n)}{E(B)} \tag{4.28}$$

$$p^w(n) = \frac{E(B \mid n)}{E(B)}p(n) \tag{4.29}$$

当 $p(b|n)$服从二项分布时，有

$$p^w(n) = \frac{np(n)}{E(N)}, \qquad E^w(1/N) = 1/E(N) \tag{4.30}$$

因而，由分布(4.28)或(4.29)，N^w 的观测值 $n_1,\cdots,n_k$ 的调和平均值

$$\frac{k}{\sum n_i^{-1}} \tag{4.31}$$

为原始分布期望值 $E(N)$的一个估计值. 如果 $p(n)$的形式是给定的，则利用概率分布函数(4.29)，可写出样本 $n_1,\cdots,n_k$ 的似然函数，再利用极大似然法求出未知参数.

4.6　酗酒，家庭人数与出生顺序

斯马特(Smart, 1963, 1964)和斯普柔特(Sprott, 1964)利用加拿大安大略省的 3 个酒精中毒治疗所入院治疗的 242 个酗酒者的家庭人数和出生顺序的数据，检验了加拿大人家庭中酗酒者的发生率等若干假设.这里所用的抽样方法是上一节所讨论的类型.

假设检验之一是：如果家庭人口多，则酗酒中毒者人数大于期望值.这里给出酗酒中毒者人数与期望值相等的零假设是由家庭人数的观测值服从加权分布

$$\frac{np(n)}{E(N)},\ n=1,2,\cdots \tag{4.32}$$

的意义上得到的,这里 $p(n)$, $n=1,2,\cdots$为一般总体中家庭人数的分布.斯马特和斯普柔特在他们的研究分析中利用安大略省 1931 年人口统计调查中家庭人数的分布作为 $p(n)$.这时容易检验他们所观测的家庭人数的分布是否与所预期的加权分布(4.32)一致.

要注意的是，如果从各个体(酗酒者或非酗酒者)组成的集合中随机地抽取样本并调查他们的家庭人数，则分布(4.32)是合适的.但是，如像斯马特和斯普柔特所做的那样，调查如果仅限于酒精中毒治疗所入院治疗的个体，那就不十分清楚(4.32)是否仍然成立.上述情形可以通过下面的过程来验证.在他们的原假设下,即一个家庭的酗酒中毒者的人数服从二项分布(尤如独立试验中失败的次数)，进一步再假设每一个酗酒中毒者含有同样的独立的机会入院治疗.

设 π 为一个人变成酗酒中毒者的概率，并假设家庭中的一个成员变成酗酒中毒者的概率与家庭中一个其他成员是否是酗酒中毒者无关.进一步假设一般总体中家庭人数的分布(无论这个家庭是否有酗酒中毒者)为 $p(n)$, $n=1,2,\cdots$.则家庭人数为 n、酗酒者人数为 r 的概率为

$$p(n)\binom{n}{r}\pi^r\phi^{n-r},\ r=0,\cdots,n;\ n=1,2,\cdots \tag{4.33}$$

这里 $\phi=1-\pi$.由(4.33)，一般总体中一个家庭至少有一个酗酒者的家庭人数的分布可表为

$$\frac{(1-\phi^n)}{1-E(\phi^N)}p(n),\ n=1,2,\cdots \tag{4.34}$$

如果我们任意选择一些家庭,记录其中至少含有一个酗酒中毒者的那些家庭的人数,通过比较观测频数与在(4.34)下的期望频数，可检验人口多的家庭中酗酒中

毒者人数过度的原假设.但是,如果从某个酒精中毒治疗所收容的酗酒者中抽取 n 和 r，则下面的 (n,r) 的加权分布更合适，

$$p^w(n,\ r) = r\,p(n)\,\frac{n!}{r!(n-r)!}\,\frac{\pi^r\phi^{n-r}}{\pi E(N)} \tag{4.35}$$

假如我们已经有了家庭人数 n 和其中含有的酗酒中毒者人数 r 的信息，则可比较 (n,r) 的联合观测频数和由模型(4.35)所得的期望值.

由(4.35)，n 的边缘分布为

$$\frac{np(n)}{E(N)},\ n = 1,2,\ \cdots \tag{4.36}$$

斯马特和斯普柔特用此作为家庭人数的观测频数模型.一般总体中,利用(4.34)至少有一个酗酒者的家庭人数的分布为 $\frac{(1-\phi^n)}{1-E(\phi^N)}p(n)$，当 ϕ 接近于 1 时化简为(4.36). 换言之，如果一个个体变为酗酒中毒者的概率很小，则被调查的家庭人数的分布接近于一般总体中至少有一个酗酒者的家庭人数的分布.如果 ϕ 不接近于 1，此结论不真实.

斯马特和斯普柔特发现，如果观测值分布的频数是厚尾的则不适合(4.36)式.他们断言人数较多的家庭产生酗酒中毒者的频率高于平均值.这个结论正确吗? 我们知道，加权分布(4.36)是在两个假设下导出来的.一个假设是：一般总体中,来自至少有一个酗酒中毒者的家庭子集合中的家庭人数的分布服从(4.34)，这是最早由斯马特提出的零假设推出的.另一个假设是：数据抽样方法等价于按一个家庭中酗酒中毒者人数的概率比进行的 p.p.s. 抽样.如果第二个假设是正确的,那么拒绝(4.36)就意味着拒绝这两个假设中的第一个.一般对这样的假定并无事前的根据，也缺乏客观的验证，所以在采用斯马特的结论时要慎重.

斯马特的另一个假设是，后出生的子女比先出生的子女更容易变成酗酒中毒者.斯马特在这里所用到的方法会使统计学家们多少感到有些迷惑.在批评斯马特的方法时,斯普柔特做了一些评论.下面由模型(4.35)来回顾一下斯马特的分析过程.如果假设出生顺序与成为酗酒中毒者无关,而且一个酗酒中毒者就住于某一治疗所治疗的概率独立于出生顺序，则一个观测到的酗酒中毒者出生于一个含有 r 个酗酒中毒者的 n 个子女的家庭,且这个被观察者的出生顺序为 $s\leqslant n$ 的概率为(4.35)式除以 n,即

$$\frac{rp(n)}{nE(n)}\binom{n}{r}\pi^{r-1}\phi^{n-r},\ s = 1,\cdots,n;\ r = 1,\cdots,n;\ n = 1,2,\cdots \tag{4.37}$$

再对 r 求和，则可得到关于家庭人数 n 和出生顺序 s 即 (n,s) 的边缘概率分布

$$\frac{p(n)}{E(N)},\ s=1,\cdots,n;\ n=1,2,\cdots \tag{4.38}$$

这个分布适用于观测数据.注意，这里的 $p(n),n=1,2,\cdots$ 为一般总体中家庭人数的分布.斯马特给出了 (n,s) 的二元观测数列，因为 $p(n)$ 是已知的，我们能够计算 (n,s) 的期望值并与观测值进行比较.但是，斯马特不是这样做的.

由公式(4.38)，出生顺序的边缘分布为

$$P(S=s)=\frac{1}{E(N)}\sum_{i=s}^{\infty}p(i),\ s=1,2,\cdots \tag{4.39}$$

在斯马特(1963)表2的分析中，他试图比较的是出生顺序观测值的分布与模型(4.39)下的期望值,其中 $p(i)$ 由观察数据利用模型(4.32)来估计.

一个较好的方法如下：由(4.38)可知，在给定家庭人数时,出生顺序频数的期望值计算结果与斯马特(1963)表1中计算的结果相同.这时，为比较每一家庭人数的期望值与观测频数的各卡方值将提供需要检验的有关假设的一切信息.这一过程与任何 $p(n)$ 的信息是无关的.但不清楚的是，斯马特提出的这种类型的假设是否能够在没有进一步的有关酗酒中毒者的信息,诸如年龄和性别,而只在现有的数据基础上进行检验.

表4.6复制了斯马特(1963)表1中有关家庭人数为4以下,且出生顺序也为4以下的部分.可以看到当家庭人数为2和3时，观测频数与假设是矛盾的；而家庭人数在3以上时，出生顺序完全没有影响(参见斯马特表1或表4.6).作者把匹兹堡大学两个系的教员中所收集到的类似的出生顺序与家庭人数的数据(表4.7)与斯马特的结果作了比较,得到有趣的结果.大多数的教员都在家庭中排行靠前,显示了要成为教授是家中排行靠前者的苦恼.可以预期的是，在我们所考虑的数据中,即使无视出生顺序与某个特别的属性、特别是与年龄有关的隐含关系，在家庭中排行靠前的人也是占优势的.(这可以作为另一个课堂练习.去任意一个研究室调查多少人是长子/长女,第二出生的,……你会注意到先出生的人所占的优势.)

表4.6　酗酒中毒者出生顺序和家庭人数的分布(摘自斯马特(1963)表1)

	$n=1$		$n=2$		$n=3$		$n=4$	
s	O	E	O	E	O	E	O	E
1	21	21	22	16	17	13.3	11	11.75
2			10	16	14	13.3	10	11.75
3					9	13.3	13	11.75
4							13	11.75

注:O=观测值，E=期望值.

表 4.7 匹兹堡大学教员的出生顺序和家庭人数 $n \leqslant 4$ 的分布

s	$n=1$	$n=2$	$n=3$	$n=4$
1	7	14	9	6
2		6	4	2
3			2	0
4				0

4.7 等待时间悖论

帕梯(Patil, 1984)提到了摩洛哥国立统计经济应用研究所 1966 年进行的一项研究. 这个研究的目的是估计观光旅游者平均逗留的时间. 这里进行了两种调查，一种是对住在旅馆的观光旅客进行调查，另一种是在边防站对即将离境的旅游者进行调查. 从 3000 个住在旅馆的旅客的调查可知其平均逗留时间为 17.8 日，而在边境海关对 12 321 个即将离境的旅游者的调查可知其平均逗留时间为 9 日. 由于计划部门的官员们对这些数字感到怀疑，从而放弃了从旅馆旅客那里得到的估计值.

显然，从即将离境的旅游者方面所收集到的观测值对应于真实的逗留时间分布，因而观测的平均值 9 日是期望逗留时间的有效估计. 可以证明，当旅游者的流量达到一个稳定的水平时，从旅馆的游客那里所得到的逗留时间服从容量有偏分布，因而此时所观测的平均值为期望逗留时间的过量估计. 设 X^w 为容量有偏的随机变量，则

$$E(X^w)^{-1} = \mu^{-1} \tag{4.40}$$

这里 μ 为原始变量 X 的期望值. 公式(4.40)表明容量有偏观测值的调和平均值是 μ 的一个有效估计量. 因此，从旅馆游客那里所得到的观测值的调和平均提供了一个可与从边境即将离境的旅游者处所得到的算术平均值相近的估计值.

我们感兴趣地注意到，从旅馆的游客方面所得到的估计值几乎是另一个的两倍，这是一个与指数分布有关、产生等待时间悖论①的一个因素（参见 Feller,

① 这是由费勒引入的一个悖论. 如果设公共汽车到达的时间服从泊松分布，参数为 λ，则下一辆公共汽车到站的时间间隔为 λ^{-1}. 如果一个人在时刻 t 开始等车，计算汽车到来时所等待时间的期望值. 设等待时间为随机变量 w_t，即要求 $E(w_t)$为多大. 对这个问题，有两个不同的答案：

(i) 由于泊松分布是无记忆的，则 $E(w_t)$与时间无关，即有 $E(w_t)=E(w_t)=\lambda^{-1}$；

(ii) 由于时刻 t 是随机的，则由对称性，$E(w_t)=\frac{1}{2}\lambda^{-1}$.

关于这个问题的详细解释，可参见费勒(1966). ——译者注

1966; Patil 和 Rao, 1977). 虽然不能肯定,但这暗示旅游者逗留时间的分布可能是指数分布.

假设对住在旅馆的游客调查他们迄今在这个国家所停留的时间. 如果把一个游客到调查为止所停留的时间表示为随机变量 Y, 则可假设 Y 的概率密度分布与乘积变量 X^wR 的概率密度分布相等, 这里 X^w 为逗留时间变量 X 的容量有偏形式, R 为服从 $[0,1]$ 区间上的均匀分布、并与 X^w 独立的随机变量. 如令 X 的分布函数为 $F(x)$, 则 Y 的概率密度函数为

$$\mu^{-1}[1-F(y)] \tag{4.41}$$

如果给定逗留时间的分布函数 $F(y)$, 则可由 Y 的观测值来估计参数 μ.

有趣的是, 公式(4.41)的概率密度函数与考克斯(Cox, 1962)所研究的用于各种机器的某零件的失效时间的分布函数一样, 这里考克斯利用的是机器零件到调查为止时所使用时间的观测值.

4.8 损伤模型

设 N 为随机变量, 其概率分布为 p_n, $n=1,2,\cdots$, R 为另一随机变量, 使得

$$P(R=r \mid N=n)=s(r,n) \tag{4.42}$$

则 R 在 0 处截断的边缘分布为

$$p'_r=(1-p)^{-1}\sum_{n=r}^{\infty}p_n s(r,n), \qquad r=1,2,\cdots \tag{4.43}$$

这里

$$p=\sum_{i=1}^{\infty}p_i s(0,i) \tag{4.44}$$

原始数据 n 经过一破坏过程, 以概率 $s(r,n)$从 n 减少到 r,观测值 r 为残存数. 当我们仅以生存的子女人数(R)来考察家庭人口的观测值时,会出现这样的情况. 在已知 R 的分布并假设一个适当的生存分布的情形下, 问题是如何确定最初家庭人数 N 的分布.

设 N 服从参数 λ 的泊松分布, 即 $N\sim P(\lambda)$, R 服从参数 π 的二项分布, $R\sim B(\pi)$. 则

$$p'_r=\mathrm{e}^{-\lambda\pi}\frac{(\lambda\pi)^r}{r!(1-\mathrm{e}^{-\lambda\pi})}, \quad r=1,2,\cdots \tag{4.45}$$

从(4.45)可知, 参数 λ 和 π 是交织在一起的, 因而即使给定 R 的分布, 也不能求

出 N 的分布.当 N 服从二项分布、负二项分布或对数级数分布时，会产生同样的情形.斯普柔特(1965)在生存分布为二项分布时，给出了具有这种交织性质的分布的一般情形.要恢复原始分布需要什么附加信息呢？例如，如果我们已知样本中的某些观测值并没有受到损伤，则可同估计二项分布参数 π 一样来估计原始分布.

这里要注意的是，未受到任何损伤的样本观测值的分布为一加权分布

$$p_r^u = cp_r\pi^r \tag{4.46}$$

如果原始分布为泊松分布，则与(4.45)一样，分布为

$$p_r^u = \mathrm{e}^{-\lambda\pi}\frac{(\lambda\pi)^r}{r!(1-\mathrm{e}^{-\lambda\pi})} \tag{4.47}$$

劳和鲁宾(Rao and Rubin，1964)证明等式 $p_r^u = p'_r$ 具有泊松分布的特征.

劳(1965)介绍了上面描述的损伤模型.关于损伤模型的理论发展以及由此派生出来的概率分布特征化方面的研究，读者可参见 Alzaid，Rao 和 Shanbhag(1984).

参　考　文　献

Alzaid A H，Rao C R and Shanbhag D N. 1984. Solutions of Certain Functional Equations And Related Results on Probability Distributions. Technical Report，University of Sheffield，U.K

Cox D R. 1962. Renewal Theory. Chapman and Hall，London

Feller W. 1966. An Introduction to Probability Theory and Its Applications，Vol. 2，John Wiley & Sons，New York

Feller W. 1968. An Introduction to Probability Theory and Its Applications，Vol. 1(3rd edn.)，John Wiley & Sons，New York

Fisher R A. 1934. The Effect of Methods of Ascertainment upon The Estimation of Frequencies. Ann. Eugen.，6，13～25

Patil G P. 1984. Studies in Statistical Ecology Involving Weighted Distributions. In：Statistics：Applications and New Directions，478～503. Indian Statistical Institute，Calcutta

Patil G P and Ord J K. 1976. On Size-Biased Sampling and Related Form-Invariant Weighted Distributions. Sankhya Ser. B 33，49～61

Patil G P and Rao C R. 1977. The Weighted Distributions：A Survey of their Applications. In Applications of Statistics（P. R. Krishnaiah，Ed.），383 ～ 405，North Holland Publishing Company，Amsterdam

Patil G P and Rao C R. 1978. Weighted Distributions and Size biased Sampling with Applications to Wildlife Populations and Human Families. Biometrics，34，170～180

Rao C R. 1965. On Discrete Distributions Arising out of Methods of Ascertainment. In Classical and

Contagious Discrete Distributions, (G. P. Patil, Ed.), 320～333. Statist. Publishing Society, Calcutta. Reprinted in Sankhya Ser. A, 27, 311～324

Rao C R. 1973. Linear Statistical Inference and its Applications. (2nd Edn.) John Wiley & Sons, New York

Rao C R. 1975. Some Problems of Sample Surveys. Suppl. Adv. Appl. Probab., 7, 50～61

Rao C R. 1977. A Natural Example of a Weighted Binomial Distribution. Amer. Statist., 31, 24～26

Rao C R. 1985. Weighted Distributions Arising out of Methods of Ascertainment: What Population Does A Sample Represent? In: A Celebration of Statistics, the ISI Centenary Volume (A. C. Atkinson and S. E. Fienberg, Eds.), 543～569. Springer-Verlag

Smart R G. 1963. Alcoholism, Birth order, and Family Size. J. Abnorm. Soc., Psychol., 66, 17～23

Smart R G. 1964. A Response to Sprott's "Use of Chi-square". J. Abnorm. Soc., Psychol., 69, 103～105

Sprott D A. 1964. Using of Chi-Square. J. Abnorm. Soc., Psychol., 69, 101～103

Sprott D A. 1965. Some Comments on The Question of Indentifiability of Parameters Raised by Rao. In: Classical and Contagious Discrete Distributions (G. P. Patil, Ed.), 333～336. Publishing Society, Calcutta

第 5 章 统计学——探求真理必不可少的工具

5.1 统计与真理

真理未知亦难知，
上帝人间布迷离，
恰好诸事我所提.
偶尔逢机出奇迹，
永恒真理非彼知，
茫茫谜网尽猜疑.

赞诺芬·柯洛丰①(Xenophanes of Kolophon)

在第 1 和第 2 章中，我介绍了现实世界中的不确定性.不确定性的产生是由于缺乏足够的信息或缺乏足够的知识去利用有效的信息，是即便使用精细的工具也会产生的测量误差，是神的行动(突然发生的大灾难)，是人类行为的多样性(这是所有现象中最不可预测的)在解释自然现象时我们只能用概率的观点而不是用决定论的观点来描述基本质点的随机行为.我也谈到如何由度量化不确定性使我们有可能设法减少、控制并在做出决策时考虑不确定性.在第 3 和第 4 章中，我讨论了由观测数据获取信息以及处理不确定性时数据分析的策略.我强调的是：需要收集干净的、相关的和诚实的数据，在获取信息时要利用合适的模型.本章中，我将更深入地讨论这个主题，通过一些实例来研究为了在较广的领域内获得新知识,为了了解自然而探求真理并且在我们日常生活中做出最佳决策,统计学所起的作用.

什么是知识？我们如何去获得知识？获得知识的内在思维过程以及实行调查的本质到底是什么？这些问题阻碍人们的才智，并且在哲学界争论了很长时间.然而，由于现代逻辑和统计科学的迅速发展，我们逐渐开拓了接受新知识的系统的途径，以重实效而不是形而上学的观点来解释“真实的知识”.

---

① 赞诺芬(Xenophanes)是生活在大约公元前 355～前 434 年间的古希腊哲学家,柯洛丰(Kolophon)乃古希腊的一个小城市，现属土耳其.当时的人们喜欢把家乡名与人名联在一起，恰如我国大文学家韩愈亦称韩昌黎一样.——译者注

5.1.1　科学法则

科学法则并不是由权威的原理所引导的，也不是由信仰或中世纪哲学来辩明的；统计学是诉诸新知识的惟一法庭.

马哈拉诺比斯(P. C. Mahalanobis)

被肮脏的那丑恶的一点点事实抹杀掉的美丽的理论.

赫胥黎(T. H. Huxley)

科学所涉及的是自然现象的知识及其进一步的完善. 通常这些知识被抽象为法则(公理或理论)，可按所要求的精度去预测未来的事件，并提供技术研究和应用的基础. 例如现代技术所依赖的牛顿的运动定律，爱因斯坦的相对性理论，博尔的原子模型，拉曼效应，门德尔遗传法则，双螺旋 DNA 以及达尔文的进化论等等. 我们或许绝不会知道什么是真的法则规律. 我们研究的仅仅是由观测事实支持的有用的假设，并且随着时间的推移这些假设可能被更好的有用的假设所取代，使它们在符合更大范围内观测到的数据的同时提供更广泛的应用. 我们按照自己对世界的想像来研究世界. "对科学来说，并不在乎是否真的存在电子，只要事物的行为好像有电子存在一样就够了"(Macmurray，1939). 科学研究的方法包含在图 5.1 那样的无限循环（或螺旋式的）的过程之中，这是波帕(Popper)公式($P_1 \to TT \to EE \to P_2$)的详细图解，这里 P_1 表示最初假定的理论，P_2 为修正了的理论，TT 表示检验理论，EE 代表误差的删除.

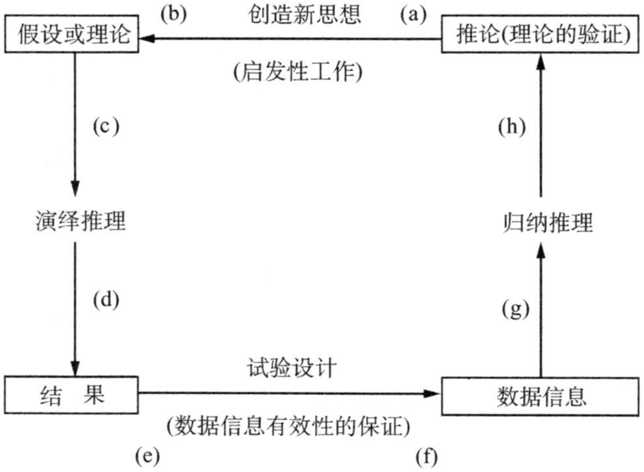

图 5.1　波帕科学研究公式的图示

随着更多的数据的累积，每一个假设都有可能被拒绝.波帕直率地描述了这种情形：

> 支持某一科学假设的证据仅仅是掩饰失败的一种企图.

图 5.1 中所示的科学方法包含了两个逻辑过程——演绎推理和归纳推理.这两者之间的区别已在第 2 章中详细讨论过了.

如图 5.1 所示，我们可知科学研究方法有两种形式，一是(a) →(b)，然后(c) →(d),这是关于研究的对象以及科学工作者所起的创造性作用的部分.另一种是(e)→(f)，然后(g) → (h)，这是属于统计学研究的领域.所谓统计学的研究，是通过有效设计的试验来收集数据，经过适当的数据分析来验证所给出的假设，并提供线索做出可能的替换.统计学能够使科学家的创造性的想像力得到充分的发挥，去发现新的现象，而不会在与既存事实无关的新发现所引起的波动上去浪费时间.统计方法具有很重要的意义，特别是在生物科学和社会科学领域内.这里，观测值变动的范围通常比较大，而且观测值的数量常常是有限的,在这样的情形中，只有通过统计分析，才能够对所研究内容的显著性做出定量估计.

有关科学研究中，利用统计学原理进行有效试验设计的重要性(图 5.1 中(e) → (f)),费歇(1957)评论说：

> 在花费同样的时间和劳动下，完整细致地检查数据的收集过程,或者说试验过程，常常会增加 10 倍或 12 倍的收益.实验结束后向一个统计学家咨询的常常是要他提出一个后续的检验.他或许能指出实验失败的原因.

5.1.2 做出决策

> 猜测不花本，赌错赔大钱.
>
> 中国古谚

在做出决策时，我们必须面对不确定性.不确定性的表现形式依赖于所提出的问题.下面我们给出几个需要做出决策的典型问题：今年的玉米产量是多少？某案件中被控告的那个人有罪吗？某个母亲申称那个男子是她孩子的生父属实吗？抽烟是肺癌的原因吗？两天服一片阿斯匹林会减少心脏病的发作吗？从一个古墓中发现的头盖骨是男性还是女性的？戏剧《哈姆雷特》的作者是莎士比亚，培根还是马洛？某患者头部中脑肿瘤的正确位置在哪里？如何描绘世界上各种不同语言系统的谱系？是否最后一个出生的孩子与第一个出生的孩子的智商有差异？从现在起，两个月后的黄金价格为多少？安全带的作用是保护汽车司机在发生事故时不受到严重伤害吗？行星会影响人类的运动、行为和成就吗？占星术所作的预测准确吗？

以上这些问题都是不能由哲学讨论或已经存在(或建立)的理论来解决的.也不能从有效的信息或数据中导出明确的答案,这是因为由任一给出的法则从可能的答案中挑选的结果都有可能受到误差的影响.避免错误的另一选择是不做任何决策.但这不会导致任何进步.我们所能做的最佳方案是作出使风险最小化的决策.我们将讨论几个用统计学来解决这一类问题的实例.

5.1.3 统计学的普遍存在

统计科学给出20世纪的一个特征,反映了人类进步独有的一面……对统计学家来说,当今是统计学一切最重要活动的最重要的时期.

费歇(R.A.Fisher,1952)

今天,对统计学的理解、研究和实际应用已经扩展到整个自然科学、社会科学、工程技术、管理、经济、艺术和文学领域.统计学的普遍存在如图5.2所示.

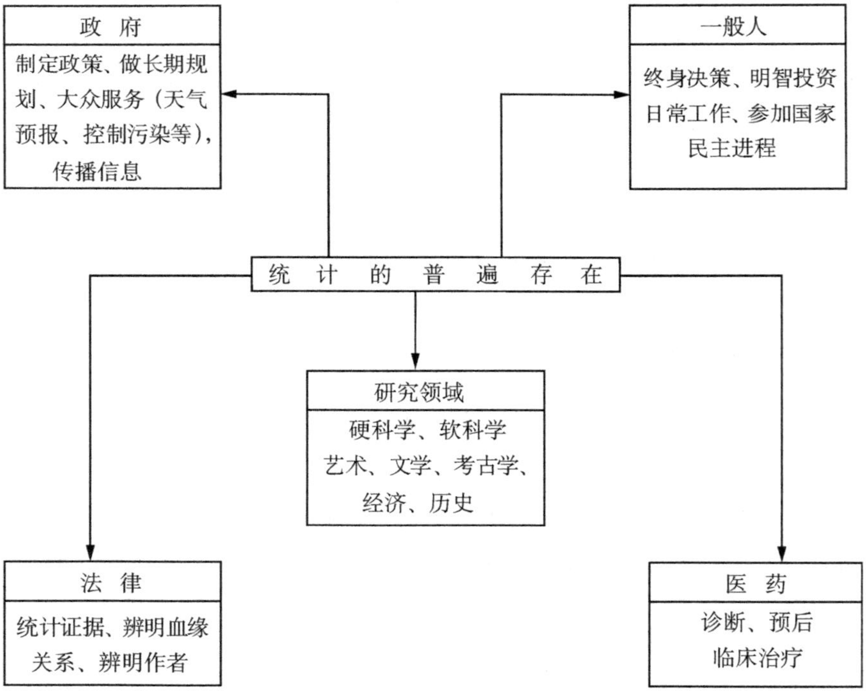

图5.2

一般人利用统计知识(通过在报纸和消费者报告中获得的各种各样的数据以及分析)在日常生活中做出各种决策,或制定将来的计划,或决定购买股票和股份来做出明智的投资等等. 为了能对所有有效信息正确地理解和应用并提防那些能将人引入歧途的宣传广告, 人们有必要掌握一定的统计知识. 在当今由科学和技术控制的时代里, 对统计学基本素养的需要就如威尔斯(H. G. Wells)所预见的那样:

> 就像读和写的能力一样, 将来有一天统计的思维方法会成为效率公民的必备能力.

对一个国家的政府来说, 统计学是一种为达到特定的经济和社会目的用于制定长期和短期计划的工具. 高深的统计技术用于做出人口的预测以及商品消费和流通需求的预测;更进一步,为了达到社会福利所希望的目标, 高深的统计技术也用于由适当的模型来制定经济计划. 有人说"越繁荣的国家, 统计越完备". 其实, 这句话把因果关系给弄颠倒了. 通过行政渠道、特殊的抽样调查以及发展着的统计方法, 我们能够收集到大量的社会经济数据和人口数据, 制定公共政策不再是一种带有不可预测成功概率的赌博或者是碰运气的事情. 在当今科学技术领域内, 基于有效的信息,我们能制定出最佳决策, 而且由信息的反馈和控制可继续监视所作出的决策.

科学研究中, 就像我已提到的,通过有效设计的试验来收集数据、假设检验、未知参数的估计以及对结果的解释,对统计学都起着重要的作用. 费歇(1947)所描述的血液类型中 Rh(Rhesus)因子的发现, 就是一个光辉的例子. 它显示统计学如何帮助将一个仔细查明的事实与已有事实拟合, 如何构造新知识的一个清晰的结构, 以及如何发现每一个有利点可用于将来的研究(参见本章第 2.18 节).

工业生产中, 特别简单的统计技术被用来改良和维持产品质量,以达到所期望的水平. 研究开发部门进行各种实验以决定最佳配方(各种因素的组合), 以此来增加日用品的产量或提高产品的质量. 世界各地的一个普遍经验是: 使用统计方法的工厂在不增加投资和扩大工厂设备的情况下, 产量可增加 10% 到 100%. 在这种意义下, 统计知识被认为是国家的一种资源. 不必感到惊奇的是, 最近出版的一本关于近代发明的著作中, 把统计质量控制列为 20 世纪最伟大的技术发明之一.

的确, 很少有像统计质量控制这样有如此之广泛的应用而理论却又如此之简单; 产生如此之有效的结果而利用却又如此之容易; 得到如此之高的效益而投资却又如此之少.

商业中, 统计方法被用来预测商品的未来需求量, 制定生产计划以及发展有效的管理技术以获得最大的利润.

医学中, 试验设计的原理被用于药效的鉴定及临床检验. 由大量生物化学和其他检验所提供的数据信息经过统计地评估而用于疾病的诊断和预测. 统计方法的应用将专家们的集体智慧与检验出的疾病之间的差异结合起来，已经使得医疗诊断更加客观了.

文学中，统计方法被用于测定一个作家的风格，对鉴定有争议的作者权时也起到作用.

考古学中，由对考察对象的相似性的定量评估，提供了找出古代工艺品的年代顺序的方法.

法庭上，某个事件所发生的概率的统计验证，在裁决中被用来补充传统的口供和其他证据.

侦探工作中，统计技术用来帮助分析点点滴滴的信息，分析一些表面上看来是无关的甚至是矛盾的信息，找出其隐含的模式. 这类有趣的情形可在约翰·卡里(John Le Carre)的《一个完美的间谍》一书中找到. 书中由“所有与他们接触过的人的姓名，旅行细节，以及他们接触时的种种行为，如性关系、娱乐的欲望等等”的信息与某些事件的关联，可以导出与某个人一定的间谍活动有关的结论.

可以看到，如果在制定计划时引进统计学的思想，引进可以用来有效地分析数据和评价反馈和控制的结果的统计方法，肯定可以提高人类活动的价值. 无可置疑地说：如果有什么问题要解决的话，应求助于统计学而不是某个专家委员会. 比起收集少数专家的智慧来说，统计学和统计分析能给解决问题带来更多的光明.

5.2 某些实例

我将从“自然知识的改进”以及成功的“决策”方面给出若干实例来证明：甚至在统计学还未被承认是一门独立的学科以前，统计学如何在自然科学研究和其他领域内起着重要作用. 当今，在人类活动努力的一切范围内，统计学已经成为一种万能的、强有力的和不可缺少的研究工具.

5.2.1 莎士比亚的新诗：一曲统计学的赞歌①

这个强有力的旋律，将胜过大理石或者是君主的金铂纪念碑.

莎士比亚(Shakespeme)

1985 年 11 月 14 日，研究莎士比亚的学者泰勒(G. Taylor)从 1775 年以来就

① 上海复旦大学的李贤平教授曾利用类似的方法研究了我国文学巨著《红楼梦》的作者问题. 历来认为前 80 回为曹雪芹之原著，而后 40 回为高鄂所续. 依照李教授的研究，前 80 回与后 40 回确实出自两个不同的手笔，但是，中间诸多章节，至少经过五、六个人修改过. ——译者注

保存在 Bodelian 图书馆的收藏中发现了写在纸片上的九节新诗.新诗只有 429 个字，没有记载谁是诗的作者.这首诗会是莎士比亚的作品吗？两个统计学者 Thisted 和 Efron(1987)利用统计方法研究了这个问题，得到的结论是这首诗用词的风格(规范)与莎士比亚的风格非常一致.这个研究纯粹基于统计学的基础，其过程可描述如下：

已知莎士比亚所有著作的用词总数为 884 647 个，其中 31 534 个是不同的.这些词出现的频数如表 5.1 所示.

表 5.1 不同单词所使用的频数分布

单词使用的频数	不同的单词数
1	14 376
2	4 343
3	2 292
4	1 463
5	1 043
6	837
7	638
⋮	⋮
>100	846
总数	31 534

表 5.1 中所包含的信息可用来回答下列类型的问题.如果要求莎士比亚写一个含有一定数量单词的新作品，他会使用多少新单词(以前作品中未使用过的)？在他以前所有的作品中，有多少单词他仅使用过一次，两次，三次，……？这些数字可以用费歇等(1943)提出的划时代的法则来预测.在完全不同的领域内，费歇利用他的方法估计了未被发现的蝴蝶总数！利用费歇的理论，如果莎士比亚用与他已有的所有作品中出现的单词数 884 647 完全一样数目的单词来写他的新的剧本和诗，则估计他将使用约 35 000 个新词.这种情形下，莎士比亚的总词汇估计至少有 66 000 个单词.[在莎士比亚时代，英语语言的总词汇约有 100 000 个，目前约有 500 000 个.]

现在回到新发现的诗上，其含有 429 个单词中有 258 个是不同的，新诗的观测值和预测值(基于莎士比亚的风格)的分布由表 5.2(最后两栏)给出.从表 5.2 可以看到，(在所期望的差的范围内)两个分布非常一致，这表示了新发现的诗的作者可能是莎士比亚.

表 5.2 中也给出了与莎士比亚同时代的其他几位诗人本·约翰逊(B. Johnson)、马洛(C. Marlowe)、多恩(J. Donne)的长度几乎相同的作品中所使用的单

词的分布频数.这些作者作品中单词的分布频数与新发现诗中单词的观测频数,以及与莎士比亚用词风格的期望观测频数之间看起来多少有些不同.

表5.2　几乎同样长度的诗歌作品中,莎士比亚风格所含不同单词与其他作者风格所含不同单词的频数分布

莎士比亚作品中单词使用的次数	不同单词使用的频数				基于莎士比亚作品的期望值
	本·约翰逊(哀歌)	马洛(四首诗)	多恩(狂喜)	新发现的诗	
0	8	10	17	9	6.97
1	2	8	5	7	4.21
2	1	8	6	5	3.33
3~4	6	16	5	8	5.36
5~9	9	22	12	11	10.24
10~19	9	20	17	10	13.96
20~29	12	13	14	21	10.77
30~39	12	9	6	16	8.87
40~59	13	14	12	18	13.77
60~79	10	9	3	8	9.99
80~99	13	13	10	5	7.48
不同单词数	243	272	252	258	258
单词总数	411	495	487	429	…

5.2.2　有争议的作者权:联邦主义者论文集

这是与上节密切相关的验明作者问题,或者是对作者不明的作品所列出的可能的作者群中去识别一个作者,下面我将给你们一个实例.这个方法来源于费歇,他是第一个发展这个方法去回答一个人类学家向他提出的问题的.是否存在任何客观的、仅利用测量的方法能够判断从墓中发现的下鄂骨是男性的还是女性的?

同样的技术可用来回答本质上相同的问题:在两个可能的作者中,谁是有作者权争议作品的真正作者呢?让我们来考察一下联邦主义者论文集的情形.这个论文集是1787~1788年由哈密顿(A. Hamilton)、杰伊(J. Jay)和马德森(J. Madison)为了劝说纽约市民批准宪法所著的.按那个时代所时兴的,这个论文集共含77篇论文,全部署名为笔名"民众(Publicus)".这个论文集的大多数文章的真正作者已经判明了,但有12篇文章仍存在争论,到底是汉密尔顿的,还是马德森的.两个统计学者,莫斯特雷(F. Mosteller)和华莱士(D. Wallace)(1964)利用统计方法解决了这个问题,得出的结论是12篇有争议的文章最可能的作者是马德森.解决这个问题所使用的度量化方法是从有争议的作者的作品中研究每一个作者自己的风格，按其作品的风格最接近于有争议的作品来确定其作者.

5.2.3 卡尔特亚与《印度经典》

卡尔特亚的《印度经典》被认为是印度文学中比其他任何作品更明确描写古代印度文化环境和实际生活的惟一的作品.这部不平常的作品被认为是公元前 4 世纪由著名国王马亚(C. Maurya)的宰相卡尔特亚撰写的.然而,不少学者已经对《印度经典》的作者和出版的时间产生了疑问.

几年前，特奥特曼(Trautman，1977)对《印度经典》的作者和出版时间进行了统计研究，发现了《印度经典》中不同部分的写作风格的显著差异.得出的结论是：卡尔特亚不是《印度经典》的惟一作者，一定有好几个作者，或许有三到四个作者,在不同的时期内写成,写作时间大约是公元 2 世纪左右.因为没有卡尔特亚发表的其他作品，既便假定卡尔特亚只是《印度经典》的作者之一，也很难断定哪些部分是他写的.

5.2.4 出版年月

莎士比亚的喜剧《错误的喜剧》和《爱的徒劳》是什么时间写成的? 绝大多数莎士比亚的作品均有记录记载了出版年月，但也有无时间记载的作品.如何能利用已知出版年月作品的信息来估计其他出版时间作品的出版年月呢? 亚地(Yardi，1946)在没有任何有关作品的其他信息的情况下，利用纯度量化方法解决了这个问题.他对每一个剧本求出各种频率：(i)冗长的最后的音节；(ii) 完全的分行；(iii) 带有终止符，但没有分开的行；(iv) 对话文的总数.这样,文学作品的风格被度量化了，利用莎士比亚已有出版年月记录的剧本的信息，亚地研究了莎士比亚文学作品长时间内风格上的一般变化.由此，亚地利用插值法推断出《错误的喜剧》的发表时间大约在 1591～1592 年冬，《爱的徒劳》的发表时间大约是 1591～1592 年春.

5.2.5 柏拉图著作的系统排列

柏拉图作品的问世已超过 22 个世纪了，他的哲学思想以及优美的文体被广泛地研究着.遗憾的是，没有人提及,或者是没有人知道他的 35 篇对话，6 篇短文和 13 封信件写作的时间年表.柏拉图作品时间年表的问题 19 世纪就已经提出来了，但没有什么进展.几年以前，统计学家开始着手这个问题，现在已给出了一个看起来很合理的解答.

所用的统计方法是从求出作品之间的相似性指数开始的.在波纳法(Boneva，1971)的研究中，基于每一作品中最后 5 个音节的 32 个可能特征的频数分布，求出相似性指数，这个技术称为定性终止.在没有其他附加信息情形下，这里所用到的惟一的假设是写作时间相近的作品写作风格相似.利用这个方法推断了柏拉图作品的时间年表.

5.2.6 原稿的鉴定

手稿的鉴定或连接，是纯统计技术要解决的另一个问题.根据尼塔(S. C. Nita, 1971)最近关于罗马年代学,《罗马历史》48个手抄稿的研究，这些手抄稿有些是从原文直接复写的，有些是从原文一部分的手抄稿或是几部分的手抄稿再复写的.这里的问题是要尽可能的恢复原作品，并且做出已有手稿的连接.这里，统计学者注意到了人们在抄写手稿时不可能不犯错误.因而即使所有手稿来自同一原文，复写时也会出现误差，并且在复写过程中有可能产生变化.一份手稿中的一个错误会传给所有的后人，同一手稿的两份手抄稿所含的共同的错误，比从不同手稿复写时产生的错误要多.把手稿之间所含的共同的错误作为惟一的基本数据，有可能排列出全部手稿的连接.

5.2.7 语言树

在研究印-欧语系之间(包括完全不同的拉丁语、梵语、日耳曼语、斯拉夫语、波罗的语、伊朗语和克尔特语等)的相似性时，语言学家已经发现它们共同的语言原形，而且验证已经使用了四千五百年.如果存在一个共同的语言原形，则必然存在一个在不同时期内各种语言分枝的进化树系结构.有可能像生物学家构造生命进化谱系结构那样，类似地构造语言的进化树吗？确实，这是一个有魅力的富于挑战性的课题.对这样问题的科学研究称为是“语言年代学(glotto-chronology)”.利用语言之间相似性的大量的信息和复杂的推理，语言学家能够鉴定语言的一些主要流派，但不能建立它们之间准确的关系和分离的时间.但是，由纯统计学的分析研究，利用较少的信息，对这个问题已经得到了非常令人鼓舞的结果.

研究的第一步是比较属于不同语种的一些基本词汇，如眼、手、母亲、一等等.属于不同语种但具有相同意义的词汇，如果是同族的标号为 +，否则标为 -.因而两种语言的一种比较可以表为 + 和 - 的符号列，或是记为向量的形式(+, -, +, +, …).如果有 n 种语言，则有 $n(n-1)/2$ 个这样的相似性的比较向量.仅仅利用这个信息，Swadish(1952)提出了一种估计两种语言之间分离时间的方法.一旦知道所有一对一对语言之间的分离时间，就容易构造出一种进化树.先输入含有 + 号和 - 号的比较向量，整个工作可简单地由编制出的、能打印整个进化树结构的合适的计算机程序完成.近年，利用这个方法由200个词汇的列表构造了印-欧语言树；使用196个词汇的列表构造了马来语(Malayo)-波利尼西亚(Polynesian)语言树(Kruskal, Dyen 和 Black, 1971).

文学中统计学的应用，如估计莎士比亚作品的时间、柏拉图著作的年代排列、原稿的系统谱系等等，或许有人会对所得结果(或所用的方法)怀有疑问.逻辑上，这是与下面问题的意义相同的：盘尼西林对某个肠热病患者有效程度如何？此时惟一可依据的是迄今为止盘尼西林治愈了很多肠热病患者.但是这种药对某个特定的患者不会失效吗？同样地，一个统计方法的有效性是通过所谓的"效率检验"来建立的.所提出的方法首先被用来预测某些已知的事件，仅仅当发现这个方法的效率能满足要求时才接受这个方法.当然，为了确定统计研究的结果，如果可能的话人们总是寻求独立的历史事实和其他证据.

5.2.8 地质年代的尺度

这是费歇(1952)所引证的一个例子，用来说明地质学中一个最伟大的发现里面所隐含的统计思想.

不少人已经熟悉地质年代的尺度以及地质层的名字，如鲜新世(Pliocene)、中新世(Miocene)、渐新世(Oligocene)，但也许很少有人知道这些是如何得到的.这是由出生于1797年的著名《地质学原理》一书的作者、地质学家莱尔(C. Lyell)发明的.在1833年出版的这本书的第三卷中，他给出了这些时间尺度的详细计算.这些时间尺度的详细计算基于一个完全新颖的思想并利用了很复杂的统计过程.

在杰出的贝类学家德夏斯(M. Deshayes)的协助下，莱尔把在一个或多个地质层中鉴定了的化石列成表，并查明目前还生存的占多大比例.就像一个统计学家拥有一个没有记录年龄的近期的人口统计记录，以及一系列未标明时间的过去人口调查的记录，从中可以辨认某些个人与现在的记载是同一个人.在这种情况下，由生命表的知识分析可以估计未标明的数据.即使没有生命表，仅仅由比较每个记录中现在仍生存的人的比率，也可以按年代顺序排成序列.也就是说，现存的生物在化石中所占的比率越小，可以推断其在地层中形成的年代越长.莱尔的思想以及他漂亮的统计论证给地质学带来了一场革命，他所命名的地质层和其他研究结果如表5.3所示.

表5.3 莱尔的地质学分类

地质层命名	比率 $=\dfrac{\text{生存数量}}{\text{不同化石的数量}}$	实例
更新世(Pleistocene)	96%	西西里岛群
鲜新世(Pliocene)	40%	意大利岩石,英国峭壁
中新世(Miocene)	18%	
始新世(Eocene)	3% 或 4%	⋮
⋮	⋮	⋮

由上述的分类，地质学家可根据化石中少量的清晰的形态学上的特征来确认化石的分层.遗憾的是，人们在给学生的讲授中,从来没有强调莱尔方法中隐含的度量思想.

5.2.9　鳗鱼的公共繁殖场所

下面的例子选自费歇(1952)的文章，说明如何由基本的描述统计量的知识引出一个重要的发现.

20 世纪早期，哥本哈根卡尔堡实验室的施密特(J. Schmidt)发现不同地区所捕获的同种鱼类的脊椎骨和鳃线的数量有很大不同;甚至在同一海湾内不同地点所捕获的同种鱼类，也发现这样的倾向.然而，鳗鱼的脊椎骨的数量变化不大.施密特从欧洲各地、冰岛、亚速尔群岛、以及尼罗河等几乎分离的海域里所捕获的鳗鱼的样本中，计算发现了几乎一样的均值和标准偏差值.由此，施密特推断所有各个不同海域内的鳗鱼是由海洋中某公共场所繁殖的.后来名为“戴纳(Dana)”的科学考查船在一次远征中发现了这个场所.

5.2.10　人所具有的特点是遗传的吗?

这个问题是在一次讨论达尔文的理论时提出的.为了回答这个问题，丹麦的一个遗传学家约翰尼森(W. Johannsen)进行了实验，他的实验已经出现在今天的教科书上,但是在他 1909 年第一次发表这个结果时却没有引起注意.下面是我从卡克(M. Kac)的一个笔记(1983)中引用的,卡克介绍了当他 13 岁时所了解的这个实验.

“约翰尼森取了大量的豆子，秤它们的重量，由这些重量做成频率直方图并由此拟合了今日被称为正态分布的曲线.然后，他从中取出大的和小的豆子，分别进行栽培，并分别做出它们各自收获后豆子重量的直方图.这些直方图又分别与正态曲线拟合.如果豆子的大小是遗传的，则人们可以预期后做的两条曲线会以大小不同的均值为分布中心. 但是，事情恰恰不是这样，两条曲线与它们祖先的曲线几乎看不出区别,因此产生了一个严肃的问题：豆子的大小是否是遗传的.”卡克继续介绍说：

> 当时那些完全崭新的议论使我感到很吃惊，直到今天还保留很深的印象,这是我当时在已接受的数学、物理和生物学知识中还未遇到过的.从那以后，我开始学习了大量的统计学知识，甚至还给具有不同数学程度的人讲授统计学,但我始终认为约翰尼森的实验是我所知道的关于阐述统计推断方法之有效、之精彩的最好的例证.

5.2.11 左撇子的重要性

一般人并不知道根据椰子树树叶螺旋的方向，能够分为右螺旋形状或左螺旋形状.几年以前，印度统计所的戴维斯(T.A. Davis)就这个问题进行了调查研究.他的研究,为统计方法在了解自然本质中的应用，提供了一个极好的例子.也就是说，由观测事实提出新问题，为解决这些新的问题，要做出更进一步的观测.综合每个阶段所得到的结果，寻找新的证据来加强已有结果的基础并探索新的方向.

为什么有的树的树叶是左螺旋形的，有的是右螺旋形的呢？这是个遗传特征吗？要回答这个问题，可以考虑由不同螺旋形状的树木组合成双亲树，并分类计算所产生的子孙树具有相同特征的数量.为此目的所收集到的数据列在表 5.4 中.可以看到，左对右的比率在所有类型的双亲树的组合中几乎是一样的.这显示了左螺旋和右螺旋不是遗传的基因.

表 5.4 不同种类交配后所产生的子孙树中左螺旋和右螺旋的比例

双亲的花粉	双亲的种子	子孙树 左：右
右	右	44：56
右	左	47：53
左	右	45：55
左	左	47：53

因而，左螺旋对右螺旋的比例似乎完全是由随机发生的外来因素所决定的.但是，为什么在表 5.4 观测的数据中，右螺旋子孙树略占优势(约 55%)呢？其生长环境中一定存在很大的可能性使得树木的叶子向右螺旋.如果真是如此，这种可能性依赖于树的地理位置吗？由于还没有从世界各地收集到数据，不能明确回答这个问题.已经发现，从地球北半球收集到的样本中，左螺旋的比例占 0.515，而从南半球收集到的样本中，左螺旋占 0.473.这个差别恐怕是受地球绕一个方向自转的影响.这也解释了浴缸中旋涡的原理(当抽取水栓排除浴缸中的水时，会产生左的或右的旋涡).因而，在良好控制的条件下，北半球的旋涡多是反时针方向的，南半球的旋涡多是顺时针方向的.

如果戴维斯不是热心去寻找左螺旋和右螺旋树木不同的特征，他的研究仅会保留某些学术上的特点.戴维斯花了 12 年多的时间在一个大种植园中比较了左螺旋和右螺旋树的平均产量.他十分惊奇地发现，左螺旋形树的产量高出右螺旋形树的 10%.虽然还不能做出任何解释——这个问题不容易解决，需要进行进一步研究—— 但这个经验的结论在经济上是很重要的.只选择种植左螺旋形的树木，产量可提高 10%！戴维斯继而提出了下面的问题：惯用左手的女性是否比惯用右手的女性更具想像力.森福德公司提供的研究表明，惯用左手的人具有特别的创造力而且长得漂亮.所有惯用左手的人中引以自豪的著名人物有：本杰明·富兰克林，达·芬奇，爱因斯坦，亚力山大大帝，朱莉阿斯·西撒…… .

左螺旋和右螺旋的现象在植物王国中是非常普遍的.你或许还没有注意到你的花园中,同一种植物上的花瓣也是左螺旋和右螺旋排列的. 缠绕植物的爬藤有的仅是右螺旋形环绕，有的仅是左方向的.在加尔各答印度统计研究所,研究者企图改变这个习惯所做的实验以失败告终.看起来这些植物顽强地抵抗任何这样的尝试.

更奇怪地是，除了非常低级的原始形式外，所有生物有机体的生化结构是左手形的.除了甘油外，所有的氨基酸(Amino acids(D&L))都分为两种形式：L(左旋)和D(右旋).两种形式L和D相互是镜像关系，分别称为左旋形分子和右旋形分子.在植物和动物的蛋白质中，甚至在简单的有机体，如细菌、霉菌、病毒等中所发现的所有24种氨基酸均是左旋形的.所有左旋形和右旋形分子均有完全相同的性质.生命可能在仅有D酸(右旋)，或是L和D的混合形式中存在. 那么,生命有机体的进化，比起D(右旋)分子，更愿意选择L(左旋)分子是自然界中的偶然现象吗？或者是说，左旋分子可能天生地适应于有机体的构造吗？左边倾象或许有什么神秘的力量,人们还得从科学上去探索.

得到已故印度统计研究所的戴维斯博士许可所给出的图5.3中,清楚地显示了左右方向缠绕植物的爬藤和花瓣的左右排列.

诺贝尔奖获得者斯普瑞(R. Sperry)博士证明了:研究各个体是受左脑还是右

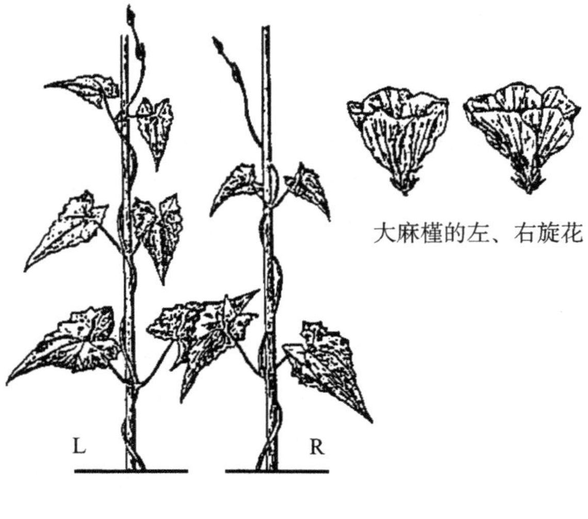

图5.3

脑的控制时，发现受左脑控制的人占多数.简单的说，其特征就是：相对于受右脑控制的人的创造能力，受左脑控制的人更具有逻辑推理能力.

5.2.12 日内循环

如果有人问你的身高是多少，你会立即给出答案——某个特定的数字.你的身高已经被某人在某个时刻测量过了，并给了你这个数字.但是你可能不会要求去回答为什么这个数字能有效地代表你的身高.如果你确实考虑答案的话,则应该是一个仔细按照"测量高度规定的过程"所得到的一个观测值.这样一个关于身高量度的定义能满足所有实用的目的.但是出现了其他问题：我们所要测量的(按规定的方法) 身高依赖于一天之内不同的测量时间吗？也就是说，如在一天内不同的时间测量这个值会发生变化吗？如果有变化，我们如何确定这个值呢？例如，人的身高(真值)早上和晚上有差别吗？如果有，这个差别有多大？有任何生理上的解释吗？

一个简单的统计调查可以给出答案.分别在早上和晚上仔细测量了加尔各答41个学生的身高，发现早上的测量值高于晚上的测量值，其平均差为 9.6 毫米(劳，1957).事实上，如果假设一天之内不同时间测量的身高是没有差别的话，则所出现的任何观测值的差别可以归因于测量上的误差，其以相等的概率可以在正负两个方向上产生.在这个假设下，所有 41 个学生测定的差别为正(即早上的身高值较大)的概率为 2^{-41}，即这个事件(测量误差为正)在 10^{13} 次实验中最多发生 5 次.也就是说，反对身高无差别的假设的比率非常高. 看起来，我们夜间睡眠时身高要长 1 厘米，而白天工作时却要缩减 1 厘米.

因为已经显示了早晚身高的差别，那么下一个问题也许就是：当我们进入睡眠时，身体的哪一部分在伸长呢？为了检验这一点，分别在早晚对身体做了记号的几个点之间进行了测量. 发现整个身体约有 1 厘米的差别产生在脊椎部分.生理学上的说明是，白天因为椎骨之间的软骨(椎间板)的收缩，椎骨变得非常接近；而夜里当身体放松时，椎骨又回到原来的位置.

为什么教师愿意在早上授课呢？这是因为教师和学生在早上精力充沛，互相之间非常和谐.这个现象有任何生理学上的解释吗？

从体内血浆中可的松(一种荷尔蒙)成分的变化可以解释我们在上午的机敏性.正常状态下，早上 8 点时，人体内的可的松水平为每 100 毫升含 16 微克(16μg/100ml)，然后逐渐下降，至晚上 11 点为每 100 毫升含 6 微克(6μg/100ml)，降低了 60%.早上可的松的升高催人起床，到晚上的下降则诱人入睡.因此，我们在上午是机敏的,当夜晚渐渐降临时，我们会变得迟缓起来.

实际上，就如身高所显示的情形一样，人类的几个生理上的特征一天中在不断变化,也就是以 24 小时为周期，每个人有自己特别的日内循环.哈尔堡

(Halberg, 1974)强调了研究这样的变动的重要性,即所谓时间生物学,就如决定患者服药的最佳时间.可以证明一天之中应在某一时刻服用的药,在其他时间服用是无效的;服用药物的有效程度也许依赖于不同时间内血浆中各种生化物质的水平.时间生物学已成为一个具有广泛应用前景的活跃的研究领域.这些研究中,大多数发展是基于统计技术来发现并建立不同时间内测量值的周期性.

5.2.13　辨明生父

假设一个母亲声称某个男子是她孩子的生父,但是那个男子却不承认.我们能够计算被控告的那个男子是孩子生父的可能性大小吗?或许这个计算结果能与其他证据一起用于帮助法庭来裁决这个事件.很多国家的法庭在裁决血亲关系时,接受统计方面的证据.

通常,这样的证据是基于血液组或 DNA 链的匹配检验的.在某些事件中指认的父亲和孩子的血液组或 DNA 链检验可能不能导出决断性的结论来裁定母亲的申诉是错的.然而,即便血液组或 DNA 链检验是匹配的,这也并不意味申诉是正确的.在这种情形下,我们能计算出申诉正确的概率.如果这个概率值很大又有其他的证据,就有可能接受申诉.

5.2.14　统计学中的盐

> ……而且,我平生所遇之最不平常的一件事,是我在一本哲学著作中发现食盐的用量变成了一次雄辩的争议的主题,其他许多类似的事情也受到类似的称赞.
>
> Pheadrus (柏拉图的"爱的盛宴")

1947 年印度刚独立,德里就发生了一些公共暴乱.一个少数民族团体中的大多数人避难到被称为红色堡垒的地方,这是一个被保护的区域.少部分人逃到另一个地区的修姆因庙里,这个庙临近一个古建筑物.政府有责任提供食物给这些避难者.这个任务委托给了承包商,由于没有任何关于避难者人数的信息,政府被迫接受和付出承包商所提出的为避难者所购买的各种日用品和生活保证品的账单.政府的这项开支看起来非常大,因而有人建议让统计学家(他们能计算)来求出红色城堡中避难者的正确人数.

在当时的混乱条件下,这个问题看起来很困难.另一个复杂的情形是,政府所请的统计学家是属于多数派团体的(与避难者所属团体对立),因而如果要应用统计技术估计避难者的人数而要求进入红色城堡的话,这些统计专家的安全没有保证.摆在统计学家面前的问题是:在没有任何避难者人数的先验信息、没有任何机会直接了解那个地区人口密度的情形下,同时在不能使用任何已知的用于估计或人口统计调查中的抽样技术条件下,来估计一个给定地区的人口数量.

专家们不得不想出某个办法来解决这个问题.无论是统计学或是统计学家的失败，政府都是容忍的.不管怎样,统计学家们接受了承包商交给政府的账单，这些账单记载了提供给避难者的不同的生活用品，如所购入的米、豆类和盐.如何利用这些资料呢?

假设全体避难者一天所需要的米、豆类和盐的总量为 R，P，S.由消费调查，每人每天所需要这些食物的量分别设为 r，p，s. 因而 R/r，P/p，S/s，提供了一个集团中相同人数的平行估计量，也就是说，这三个值无论哪一个均是等价有效的.专家们利用承包商提出的 R，P，S 计算了这些值，发现 S/s 最小，而表示大米的 R/r 最大.与盐相比，商品中最贵的大米的量有可能被夸大了.(当时在印度盐的价格非常低，因而不会夸大盐的用量.)因此，统计学家提出估计值 S/s 为红色城堡中避难者的人数.对所提出的这种方法的验证是用同样的方法独立地估计了休姆因庙里的避难者人数(这里的人数要少得多)，得到了很好的近似值.

这个基于盐量的估计方法思想来自森古普塔(J.M. Sengupta),他长期在印度统计研究所工作.由统计学者所给出的估计值对政府做出行政管理决策时非常有用. 这也提高了统计学的威信，从那以后，统计学受到政府的大力支持.可以说，这个估计方法对印度统计学的发展做出了很大的贡献.

这里所用的方法在任何教科书中都没有记载，是一个非惯例而且是很巧妙的方法.这个思想的背后是统计的推理或定量的思考,或许也可以说包含了一种艺术成分吧.

5.2.15 血液检查中的经济学

我已经举了几个例子来说明统计学的成功，这些例子中，尽管涉及到数据与方法论这两个已被普遍接受的统计思想，但更重要是一种定量思考的方式.下面，作为同样的统计学一词定义的第三个方面，定量思考可被视为是创造性来源的基础.我再举两个例子.

第二次世界大战期间，必须征募很多人到军队，要检查申请者中某种罕见的疾病需要对每一个人进行血液检查，这无疑是一项巨大的工作.尽管被淘汰的比率很低，但这个检验是决定一个人是否能参军的关键.如何保证“有问题的”会被淘汰掉，同时又减少检验次数呢?这在教科书上是没有答案的.这里介绍一个统计学家富有才气的解答.

假设申请者中平均 20 个人中有一个人患此病，也就是说，将申请者 20 个人分为一组,对每一组进行 20 次血液检验，则平均每一组有一例呈阳性. 显然，如果把几个人的血样混合起来进行检查，仅当至少有一个人的血呈阳性时混合血样才呈现阳性.代替 20 次单个检验，我们把 20 个人分为两组，对 10 个人一组的两个混合血液样本分别进行检验.平均来说，此时一个混合样本呈阳性，另一个呈阴性.然后仅对呈阳性的混合样本进行单个检验，以确认哪一个人的血液是阳性的.这样，对每20个人一组平均仅需 $2+10=12$ 次检验，即减少了20次中的8次，或减少40%.可以看到，如果把20个样本按5个一组进行混合，则平均实验总数仅有 $4+5=9$ 次,这是对每20个申请者一组进行检验所需次数的最佳值,节约了11次，即55%.

类似上述问题的求最佳值过程依赖于要调查疾病的流行率.如果假设某种疾病个人患病的比率为 π，则进行血液检查时，混合样本人数大小的最佳值应为使 $(1-\pi)^n-(1/n)$ 最大的 n.一个最好的方法得到最佳值 n 的过程，是对不同的 n 列表求出函数 $(1-\pi)^n-(1/n)$ 的值，选择其中最大值所对应的 n.

这个思想非常漂亮，可用于其他领域.例如，常常要对来自不同水源的水进行检验,确定是否被污染.按上面所描述的混合样本和分组的试验手段，则有可能在不增加实验设备的情况下，检验大量来自不同水源的样本并能做出精密的检查.混合样本检测的方法现已广泛实践于环境保护研究和其他领域,用于削减实验检测费用.

5.2.16　为增加粮食生产而建设机械工厂

到1950年，印度只能生产100万吨钢，有人建议修建一个工厂来多生产100万吨钢.根据这个建议，专家们对当时的钢铁需求量进行了调查，估计为150万吨.基于这个数字，对提议建厂再生产100万吨钢是否明智产生了疑问.最后，这个建议被取消，代替的是推荐政府从国外购买不足的50万吨钢.

这个决议或许是基于完全的经济学理论.计算上看不出有什么错误.但是，可以说这个决议是缺乏远景规划的.问题是，这个决议没有对国家整个经济的发展，以及各经济活动领域内自我充足的最终目的进行验证.阻止修建新的炼钢厂的专家委员会的决议,结果使国家花费了几百万卢比从国外进口钢铁.让我们来看看统计学家马哈拉诺比斯(1965)如何评论这个问题.

每年，印度的人口按700万人的比率增长.因此，今后5年需要提供给增加人口的必需的粮食总量为1500万吨.如果我们不得不进口这些粮食，按世界市场价格每吨90美元计算，今后5年内必须支付13亿或14亿美元的外汇.

为了生产1500万吨粮食，每年需要750万吨化肥①.按进口化肥每吨50美元

① 作者举这个例子是想说明事物之间是互相联系、互相影响的，不能简单,孤立地看问题.这个例子中的数据恐怕是数学家臆度出来的，不切合实际.实际上，无论哪个国家，化肥都比面粉贵.施一吨化肥生产两吨粮食的比例如果是真的，农民肯定不会使用化肥.译者认为，真正的比例应在 $\frac{1}{40}\sim\frac{1}{20}$ 之间.——译者注

的价格计算，5 年内要支付的总额不到 4 亿美元.这样说来，不进口粮食而进口化肥的决定不是更聪明一些吗？

更进一步考虑，修建一个化肥厂的外汇支出仅为 5000 万到 6000 万美元就足够了.为了生产所需要数量的化肥，我们需要修建五座这样的工厂.修建这些工厂的总的支出不到 3 亿美元.而且，附加的优点是：这些工厂 5 年以后，将继续生产化肥.代替进口化肥而修建生产化肥的工厂的决定不是更聪明一些吗？

再进一步，考虑修建能生产化肥机械的工厂.为此所需要的外汇仅为 5000 万到 6000 万美元就足够了.这样仅 5000 万到 6000 万的投资，能获得 3 亿或 4 亿，甚至 14 亿美元的收益.因此，修建一个机械制造工厂，不是更聪明吗？

这些议论就如下面所说：因为缺乏铁钉，就缺乏马掌；缺乏马掌，就缺乏马；缺乏马，就缺乏骑手；缺乏骑手，就会亡国.

印度有些经济学家评论马哈拉诺比斯的思想与经济原理不协调.但是，回顾一下，我们已经看到马哈拉诺比斯的计划对印度的工业化起到了作用.

5.2.17 小数位数字的遗失

一个统计学者常常被要求去分析他人所收集的数据.有时，收集数据的代价很大而收集信息的目的并不明确.这时统计学者首先要作的是询问数据的调查者了解有关数据的如下问题：收集数据的个体所属的总体、对象以及区域如何；所用的抽样方法以及决定测定值的概念和定义如何；为获得测量值而雇用的调查代理(个人或使用的器具)如何；如有调查表，是否可以检查或者交叉检查？数据中是否有从别的出版物或者通过另外途径获得的部分？最后，所做调查的目的是什么？基于所收集的数据有什么特殊的问题要回答.如果统计学者与调查者之间不能互相理解对方的"语言"，则两者之间的交流就会存在一定的困难.如果双方能做一点努力去学习对方的语言，就可以克服这个困难.

调查者或许没有耐心，而且不能理解统计学者的愿望是要了解调查者的问题和他所得的数据的性质，因为这些是统计学者选择使用统计技术的惟一依据.这时，调查者会像某些病人一样并没有让医生进行检查，而自己认为自己患了某种疾病让医生给他开处方.一个统计学者，不做任何进一步的考察而直接对给出的数据进行统计分析，即便得到的最终结果满足顾客的要求，也是不道德的.

与调查者对话以后，统计学者将面临另一个严重问题.交到统计学者手中的大量的数据是按照调查者的特殊设计所产生的，而且没有记录误差.果真如此吗？统计学者由给定的数据可以验明这一点吗？一个统计学者如何与数据交流呢？

统计学者与数据之间的对话，或者是对数据的详察，是数据分析最基本的部分，也是数据分析最活跃的部分.为此目的还没有发展出非常适用的语言，要使数字与之对话很大程度上依赖于统计学者本身的技能.

给定统计学者的数据中，有的值与其他值比较显得过大或者过小，也有的值是没有经过适当的辨认而抄录下来的等等. 这时对照原始记录可以解决这些问题. 有些情况下相容性检验也是有用的. 除此之外，没有一般的处方.

我仅在这里举出一例. 某个统计学者，在孟加拉被分开以前，被要求去分析孟加拉中一些上层社会和部落的人类测量学的一些数据. 测定的 10 个特征值中，有一个是人体的重量. 一系列的重量测量记录值为：7.6，6.5，8.1，…，这里以英石为单位①. 整理测量值的人把上述值乘以数字 14，转换原测量值单位英石为磅. 则将上面提到的重量单位为英石的测量值 7.6，6.5，8.1，…，表为新的重量单位磅：$14\times7.6=106.4$，$14\times6.5=91.0$，$14\times8.1=113.4$，…. 代替查看整理过的数字，统计学者认为应该查看原始记录. 在查看整个记录时，他发现了一个奇异点，这就是在所有的重量测量值中，小数点后的第一位上(十分位)完全没有 7，8，9 三个数字！这里一定有什么问题. 记录的数字看起来没有错，转换后的数字看起来也没有问题. 如果不查看原始记录，将不会发现这个错误. 调查的结果发现，测量所使用的英国制造的体重计标度盘以英石为单位，在英石与英石之间以 6 个小标记来表示 7 个子划分. 测量体重的调查者看起来是先记录英石数，然后直接在小数点第一位上记录了显示在标记盘上的子划分的数字. 这里，居然把伟大的印度人发明的十进制位法用错了！因而，正确的转换为磅的方法是 $14\times7+(6/7)\times14=110$，而不是 106.4. 由于统计学者的机敏，避免了孟加拉人平均 4 到 5 磅的重量的损失.(没有任何营养补充!)

一个统计学者有时不得不做一个侦探，利用自己的想像力去不断追寻有可能与隐藏的神秘有关的极少的线索和提示. 他应该遵循这样的格言：

除非验明清白，否则每一个数字都是有罪的.

5.2.18 Rh(Rhesus)因子：科学的调查研究

这里要讲的是，被称为 Rh 型血液系统的遗传结构，如何在短时间内被一群英国研究学者们发现的故事. Rh 因子是列文(Levin)1939 年在一例死胎的情形中发现的，其母亲的血清中发现了一种抗体 Δ(或称为反 D)，这是由美国白人献血者血液的 85%胶着而生成的. 这个结果提示了，双方中有一方存在一种能产生抗原 D 的对立遗传因子的门德尔因子. 长话短说，此后一个接一个的发现了抗体 γ(反 c)，抗体 Γ(反 C)，H(反 E)，这些是由 + 或 - 的不同的反应组合产生的. 由这些抗体，至少可以识别 7 个不同的对立的遗传因子(或者是遗传复合体). 具有这 7 个遗传因子复合体对抗体 γ，Γ，Δ 和 H 的反应见表 5.5 中的第一栏，表为：R_1，R_2，r，

---

① 英石(stone)为英制重量单位：1 英石 = 14 lb = 6.35029 kg. ——译者注

R_0, R'', R', R_z.

由 7 个遗传因子对 γ, Γ, Δ 和 H 反应，雷斯(Race, 1944)做了如下评价和预期.

表 5.5 7 个遗传因子复合体对已知的 4 个抗体的反应和预测

遗传因子复合体	已知的抗体 $\gamma\ \Gamma\ \Delta$ H	预测的抗体 $\delta\ \eta$	预测的遗传因子复合体
R_1	− + + −	− +	CDe
R_2	+ − + +	− −	cDE
r	+ − − −	+ +	cde
R_0	+ − + −	− +	cDe
R''	+ − − +	+ −	cdE
R'	− + − −	+ +	Cde
R_z	− + + +	− −	CDE
* R_y	− + − +	+ −	CdE

* 预测的，带有预测反应的遗传因子复合体.

7 个遗传因子的复合体中，没有一个对 γ 和 Γ 有同样的反应. 因此，γ 和 Γ 是对立的抗体. 极有可能的是这样的对立的抗体对 Δ 和 H 也存在，作为预期分别记为 δ 和 η.

可能还有一个遗传因子复合体，我们记为 R_y，它对 4 个抗体的反应列在表 5.5 的最下一行. 这样就形成了一个完整的系统，每一种试剂(抗体)，对 4 种遗传因子复合体反应为正，对其余 4 种的反应为负.

这些猜测出现后不到一年，莫兰特(Mourant, 1945)就发现了抗体 η，同一年戴蒙德(Diamon)发现了抗体 δ.

对这些结果，费歇(1947)解释了由 3 个因子(C, c)，(D, d)和(E, e)表示的对立的遗传因子与密切相联系的 3 个门德尔因子所产生的遗传因子复合体的性质. 由于遗传因子 C,D 和 E 的存在，产生对抗体 Γ,Δ 和 H 的反应分别为正，而遗传因子 c，d 和 e 的存在产生对抗体 γ，δ 和 η 的反应分别为正.

今天我们所知道的遗传结构更复杂了，3 个位置的每一个上面分别有两个以上的对立的遗传因子. 然而，比起 Rh 因子发现初期的混乱和含糊来说，经仔细组织的调查研究对系统收集数据提供了迅速而有效的分析.

5.2.19 家庭人口、出生顺序和智商 I.Q.

过去 20 年中，人们对中学高年级学生的平均 SAT(学业才能测试)成绩降低已经有一些研究. 为了解释这个现象，在一些国家收集了子女 SAT 成绩以及可能与之相关的父母的职业，家庭人数和出生顺序等数据. 下面表 5.6 和表 5.7 给出了两个相关研究的数据.

表5.6和表5.7的数据表明成绩随家庭人数的增加一般在降低(表5.7中家庭仅有一人的情形例外)而且成绩随出生顺序的增加而降低(表明后出生的不如先出生的聪明).

有争议的是,比起早出生的来说,是否后出生的子女是在较低智商的环境中成长的,这里考虑的智商环境是父母与较早出生子女智商水平的平均值. 可以认可的一种情形是随着增加子女间年龄的间隔其影响是可以逆转的,因此仅取决于年龄来判断智商水平将使得早出生的子女高于晚出生的子女的好几倍.

表5.6 英国家庭人口中按子女人数分类计算的子女平均智商I.Q.

家庭子女人数	智商I.Q.	抽取家庭样本数
1	106.2	115
2	105.4	212
3	102.3	185
4	101.5	152
5	99.6	127
6	96.5	103
7	93.8	88
7+	95.8	102

表5.7 1965年美国国家奖学金资格测试按家庭人口排序的平均数

家庭人口	出生顺序				
	1	2	3	4	5
1	103.76				
2	106.21	104.44			
3	106.14	102.89	102.71		
4	105.59	103.05	101.30	100.18	
5	104.39	101.71	99.37	97.69	96.87

参考文献

Boneva L L. 1971. A New Approach to a Problem of Chronological Seriation Associated With the Works of Plato. In: Mathematics in the Archaeological and Historical Sciences, Edinburgh University Press, 173～185

Fisher R A. 1938. Presidential Address. First Indian Statistical Conference, Calcutta. Sankhya, 4, 14～17

Fisher R A, Corbet A S and Williams C B. 1943. The Relation Between the Number of Species and the Number of Individuals in a Random Sample of an Animal Population. J. Anim. Ecol. 12, 42～58

Fisher R A. 1947. The Rhesus Factor: A Study in Scientific Method. American Scientist, 15, 95～103

Fisher R A. 1952. The Expansion of Statistics. (Presidential Address), J. Roy. Statist. Soc. A, 116, 1～6

Halberg J. 1974. Catfish Anyone? Chronobiologia, 1, 127～129

Kac, Mark. 1983. Marginalia, Statistical Odds and Ends. American Scientist, 71, 186～187

Kruskal J B, Dyen I And Black P. 1971. The Vocabulary Method of Reconstructing Language Trees: Innovations and Large Scale Applications. In: Mathematics in Archaeological and Historical Sciences, Edinburgh University Press, 361～380

Macmurray J. 1939. The Boundaries of Science. Faber and Faber, London

Mahalanobis P C. 1965. Statistics for Economic Development. Sankhya, B. 27, 178～188

Mosteller F and Wallace D. Inference and Disputed Authorship. Addison-Wesley

Mourant, A. E. (1945). 1964. A New Rhesus Antibody, Nature, 155, 542

Nita S C. 1971. Establishing the Linkage of Different Variants of a Romanian Chronicle. In Mathematics in Archaeological and Historical Sciences, Edinburgh University Press, 401～414

Rao C R. 1957. Race Elements of Bengal: A Quantitative Study. Sankhya 19, 96～98

Race R R. 1944. An Incomplete Antibody in Human Serum, Nature, 153, 771

Swadish M. 1952. Lexico-Statistic Dating of Prehistoric Ethnic Contacts. Proc. Amer. Philos. Soc. 96, 452～463

Thisted, Ronald, Efron, Bradley. 1987. Did Shakespeare Write a Newly-Discovered Poem? Biometrika, 74, 445～455

Trautmann T R. 1971. Kautilya and the Arthasastra, A statistical Investigation of the Authorship and Evolution of the Text. E. J. Brill, Leiden

Yardi M R. 1946. A Statistical Approach to the Problem of Chronology of Shakespeare's Plays. Sankhya, 7, 263～268

第 6 章　统计学的公众理解——从数字开始学习

人生，是从不充分的证据开始引出完美结论的一种艺术.

塞谬尔·巴特勒(Samuel Bulter)

要理解神的旨意，我们必须学习统计学，这是因为统计是神的意图的量度.

弗朗西斯·南丁格尔(Francis Nightingale)

6.1　大众的科学

贝尔纳(J.D.Bernal)在 1939 年出版的《科学的社会作用》一书中写到：

如果我们不与此同时认识到真正的理解科学已成为我们当今日常生活的一部分，那么仅仅促使科学家们认识相互的工作是毫无意义的.

仅仅半个世纪以后，人们就认识到了贝尔纳所说的事实的重要性，并且认真努力把科学知识传播给大众.先进国家的国家科学院设有专门的委员会来研讨这个问题并制定方针政策来达到这个目的.5 年以前，英国皇家学会创办了一份新的杂志，称为“科学和公众事务”，其宗旨就是把科学知识传播到大众，解释与日常生活有关的科学和技术发现的蕴涵.皇家学会的新口号是：

科学是为每一个人的.

毫无疑问，科学几乎渗透了我们现实社会的每一个方面，社会公众理解科学的重要性是无需强调的.社会公众必须知道，一种新的技术如何能够在提高他们的生活水平中发挥作用.他们也必须了解一些企业家为了自身的利益无视探索新的发现可能对社会和环境产生有害影响的结果.更进一步，人们应该认识到世界各地政府的政策，如修建核电厂将对他们和他们的子女的生活产生如何的影响.

当贝尔纳写他的这本书时，人们还没有认识到统计学是一门独立的学科.仅仅是从 20 世纪上半叶开始，人们才认识到统计学的重要性，它是从观测数据中获取有用信息的一种方法，也是在不确定性下做出决策的逻辑.因此，统计学的知识对人的整个一生都是有价值的财富.要是贝尔纳活到今天，并认识到统计学的普遍存在，他一定会在带给我们《科学的社会作用》的最新版里加上：与其他任何科学领域相比，社会公众对统计学的理解是极为重要的.

6.2 数据、信息和知识

一个确定的事物的惟一的麻烦是它所含的不确定性.

什么是统计学？它是科学、技术、逻辑、还是艺术？它是一门像数学、物理、化学和生物学那样有确切定义的独立的研究学科吗？统计学中我们研究的现象是什么？

统计学没有任何固有的对象，是一门独特的学问.统计学由解决其他领域内的问题而存在并兴旺发达.按萨维奇(L.J. Savage)的说法：

> 统计学基本上是寄生的：靠研究其他领域内的工作而生存.这不是对统计学表示轻视，这是因为对很多寄主来说，如果没有寄生虫就会死.对有的动物来说，如果没有寄生虫就不能消化它们的食物.因此，人类奋斗的很多领域，如果没有统计学，虽然不会死亡，但一定会变得很弱.

仅从20世纪开始,统计学已成为大学里讲授的课程.但是，即便如此，统计学在科学和社会学中的作用仍然没有得到大众和专业人员的很好的理解.

不久以前，人们对统计学的误解与怀疑可表现为如下几点：

* 谎言，该死的谎言与统计.
* 统计不能用来代替判断力.
* 我已知答案，请给我统计事实去证实.
* 利用统计学，可以证明一切事物.

统计也是被嘲笑的对象，例如：

* 统计犹如比基尼游泳衣.它暴露的是明显的地方，而遮盖住最重要的.

今天，统计已经变成一个魔术一般的词汇，它能给我们想说的话披上现实的外衣：

* 统计数据证明了抽烟对健康是有害的.
* 由统计可知：不结婚的男性会早逝10年.
* 由统计的观点：身材高的父母，有较高身材的子女.
* 统计调查表明，两天服一片阿斯匹林会减少心脏病第二次发作的机会.
* 有统计证据证实，第二个出生的子女没有第一个聪明,第三个出生的子女没有第二个聪明,以此类推.
* 由统计确认，如果每天摄取500毫升的维生素C，生命可以延长6年.
* 统计调查表明，怕老婆的丈夫得心脏病的机会较大.
* 有统计实验证实,学生们在听了莫扎特钢琴曲10分钟后的推理测试会比

他们听十分钟娱乐磁带或其他曲目做得更好.

统计学作为学术和研究的一个领域,历史比较短浅,但作为数值信息的历史却很悠久.现保存下来的古代的资料中,有国家(states)以及它们的资源和国民的构成的数据信息.这说明了统计学(statistics)一词的词根来自国家(state)的事实.有关古代人口和农业的社会调查统计的参考文献今天我们已知的有:中国的《管子》(公元前1000年),《旧约书》(公元前1500年)和卡尔特亚的《印度经典》(公元前300年).

早期的一个有关统计记录的例子,是在据今50个世纪以前(公元前3000年)的一个埃及王的王家权杖上的数字中发现的.在与另一个国王交战以后,权杖上记载了凯旋的国王军队所缴获的

战争俘虏	120 000 人
牛	40 000 头
山羊	1 422 000 头

这些漂亮的四舍五入的整数是如何得到的?是国王的管理人实际数过的,还是打了胜仗的国王自己想像的虚构的数字?或者是为了强调战利品的量大而凑成整数的?塞谬尔·约翰逊(Samuel Johnson)相信:

> 四舍五入的整数永远是有误的.

这一定是16世纪德国物理学家威尔士(Weirus)所预料到的,那个时代绝大多数欧洲人正对疾病和巫女怀着恐惧.威尔士计算了地球上正好居住了7 405 926个幽灵!因为威尔士是有文化的人,所以大多数人相信这个数字一定是经过他实际数过的.

我记得在美国填写纳税申报表时,在《税金指南》中有这样的忠告:

> 经过对GAO(General Acounting Office,国会会计室)报告的仔细审查,确认了一个重要的方法可以减少核查时的麻烦.这就是,当要报告收入或支出的额度时,避免使用取舍整数.如$100,$250,$400和$600这样的数字容易引起审计官的怀疑,而$171,$313,$496这样的就不容易引起怀疑.因此,如果不得不估计某些支出时,最好估计成奇数.

统计在语源学中的定义在某种意义上是“数据”.数据传达什么呢?为了一个特定的目的我们如何利用数据呢?为此,我们必须知道在解决一个给定的问题时,从观测的数据中可以获得什么样的信息?可以获得多少信息?什么是信息?或许,最逻辑性的定义是由信息论的专家香农(C. Shannon)给出的“不确定性的分解”,这是解决问题的关键.数据本身不是问题的解答.但是对我们以什么样的程度来圆满回答问题,以及在一个特殊的答案中含有多大程度的不确定性,或者对

答案的信赖程度有多大这些问题的考虑来说，数据是基本的资料.人们需要对所观测的数据进行处理，以便确定所能解决的不确定性程度.由数据所提供的不确定性量度的知识是做出正确决策的关键.并且能够使我们权衡各种选择的结果，选出一个风险最小的.今天所理解的统计学是一种逻辑，由此使我们能像攀登梯子一样从数据攀登到信息.

当信息逐渐增多时，不确定性逐渐减少到一个可接受的最低水平，使我们能登上数段阶梯达到知识的水准，基于这种认知使我们能够信赖所采取的行动(有不可避免的很小的危险).这种情形下的知识并不是所有领域内的所有情形下都能达到的.这里所表明的是在与给定数据相关的不确定性的情形下做出决策时，统计学作为一种方法论的必要性.

按照著名科学家拉·罗伊(R. Roy)的说法，拟合知识中可接受的部分和扩大知识范围的知识就构成智慧，这种智慧是上面提到的认知中的一步阶梯.如古言：

通向智慧的路
清晰明了
错误
还是错误
又是错误
但是在减少
不断减少
越来越少.

6.3 信息革命与统计学的理解

> 像今天有能力的公民能读会写一样，将来会有一天要求有能力的公民必须会计算，而且能够利用平均值、最大值和最小值.可以预期，这样的时代已经不远了.
>
> 威尔斯(H. G. Wells)

人类的繁荣，过去依赖于农业革命，后来，又依赖于工业革命.但是，这些都没有缓和人类饥饿和疾病的痛苦.这里主要的障碍是我们没有能力去预测将来，并做出英明的决策.健全的政策依靠准确可靠的信息.因此，为了减少不确定性以便能做出较好的决策，有必要扩大数据信息基础.

现在已经广泛认识到作为设计和执行一个课题的关键部分，信息的重要性已经大于技术上的专家了.我们正处于信息革命的时代，无论国营的或是私营的企业都进行了很大的投资去收集和处理信息.据说，美国公、私企业的雇员中，有

40%到50%是专门做这些工作的.

统计学对大众的必要性，从报纸提供相当的篇幅来传播各种信息的事实可以得到验证.在计划户外活动时，我们可以得到约一周时间的详细天气预报.各种股票市场价格的信息，告诉我们什么样的投资可以获利.关于体育的特别栏目使我们可以了解世界各地的体育消息.在加拿大埃德蒙顿出版的日报甚至每天刊登称为每日蚊子指数的信息,以便让公众了解市政府有关部门为了使公众满意尽力采取措施以控制城市的蚊子.纽约时报几乎以30%的篇幅刊登各种统计资料以及基于这些资料的有关报告.

有很多像消费者报告之类的杂志，给公众通告市场中商品的价格并比较各种产品的性能.

理解统计学的重要性有几个阶段.首先是针对个体对每个人而言的.众所周知的是了解三R(Reading，wRiting，aRithmetic，读，写，算)的需要.但是，这些对每一个人一生中所面临的需要克服的不确定性来说是不够的.每个人，在他上大学、结婚、投资以及处理每天工作中的问题时，都必须做出各种决策.这就要求另一种不同的技能，我们可称为第四个R(statistical Reasoning，统计推断)，这就是要了解自然界和人类行为中的不确定性，在利用自己和他人的经验做出决策时能使风险最小化.更进一步，统计知识是个人的一笔财富,可以保护自己和家人不受传染病的影响，防范政治家的宣传和商人夸大事实的广告，摆脱掉比疾病还糟的迷信，有效地利用天气预报，了解各种灾害，如核电厂的放射线泄漏以及影响生活的其他自己不能控制的方面.

对一般人来说，要获得第四个R，需要对统计学进行特别的学习吗？回答是“不”.高级中学中，与算术一起实施一定量的统计学教育就足够了.我们的学校教育系统更多的是鼓励学生相信写好的东西，象征性地用谚语中所说的“在小鸡没孵出来之前，不要算计它们”来警告他们不要做有风险的行为,而不是让他们做好在变化世界中生活的准备，以及如何面临现代生活中困难的情形.

我们必须学习如何计算风险.最近有一则报道，华盛顿越南退伍军人纪念碑上雕刻的姓名中至少有38个人被误为死者.当就这件事询问有关责任者时，他说到:“当时由于记录不充分，不能肯定战死者的姓名.也不知道即使纪念碑建成以后还可以追加姓名.我们想的是，如果不包括这些人，这些人就会从历史中消失.”

其次,理解统计学的重要性是对政治家或者是制定政策的人来说的.政府为了收集数据，有一个庞大的管理机构.这些收集来的数据被用来制定在日常行政工作以及为社会福利制定长期计划中的正确的政策.政策制定者在做出决策时,期望寻求技术指导.然而，重要的是他们自己在了解和解释信息时需要掌握某些专业技术知识.下面的趣闻便说明了这个事实.

在政府和工业部门中工作的统计学者们常常与他们的上司产生语言上的障碍.一个统计办公室的主管也是一个行政事务官,一次与一些统计学者开会,统计学者抱怨从其他部门收到的一些估计值没有给出标准误差.[标准误差是估计值所附带的一个数,表示估计时误差的大小,给出估计的精度.]这个主管马上问道:"对误差也有标准吗"?

一个统计顾问提交给茶叶委员会的报告中,含有标题为:"饮茶人数的估计值(含标准误差)"的附表.不久,一封信被送到这个统计学者手中,问到什么是人们喝红茶时所需要的"标准误差".

皇家委员会审查一份统计报告,报告中提到中产阶级家庭平均有 2.2 个子女,委员会评述说:

每一个成人女性有 2.2 个子女的数字是荒谬的.这是为了要求对中产阶级提供财政援助以便通过四舍五入把平均值提高到一个更合适的整数.

健康大臣对一个统计学者的报告中提到的去年由于某种疾病,平均 1000 人中死亡人数为 3.2 这个数字发生了兴趣.他问他的私人秘书,一个行政官,3.2 个人是如何死法?他的秘书说:

先生,当一个统计学家说死了 3.2 个人时,意味着 3 个人已经死了,两个人正要死.

政府的政策决策是非常重要的,会影响几百万人.为此,他们需要正确的信息,同时需要处理信息的正确的方法.

最后,对医学、经济学、科学和技术中的某些专家来说,数据的解释和分析是他们研究工作中不可或缺的部分.

6.4 令人悲哀的数字

不要告诉我那些悲哀的数字,
人生不过是一场空梦.

朗费罗(H.W. Longfellow)

今天,通过报纸、杂志和其他新闻媒介,我们已经能不断地认识到我们的饮食习惯、运动、吸烟和饮酒的习惯,以及在工作单位和其他日常活动中所受到的压力对我们好坏两方面的影响.这些信息,常常用带有单位的损失或增益的数值来表示.下面,从 Cohen 和 Lee(1979)的文章中我们抄录了一些悲哀的数字 .

我们如何解释这些数字呢?这些数字传达的是什么信息?个人如何利用这些

数据形成自己的生活模式来增加幸福呢？(参见表 6.1.)

首先考虑表 6.1 中的第一个数字，即未婚男性平均寿命的损失.这个数字通常可以由死亡记录中有关死者的性别、婚姻状态和年龄的信息中得到.在男性的死亡记录中，只须分别对已婚和未婚的简单地计算平均死亡年龄. 这些平均数字的差为 3500 天.这个结果可能给未婚者一个危险的信号，说明结婚的惯例是好的，而且对某些人的早结婚可大约延长 10 年寿命的建议提供了一个强有力的根据！然而，这里并不意味着这个原因(结婚)和结果(延长 10 年寿命)的关系适用于每一个人.十分可能的是，对某个人来说，结婚就意味着是自杀！毫无疑问，如果按照男性的个人特征进行分组所做的死亡记录，会得到有更多信息的更好的列表结果.一般来说，不同的组寿命的长短也不同.每个人可根据自己的特征，参照与自己的特征相似的分组的数字进行分析.

表 6.1　不同原因所引起的寿命损失

原 因	天数	原 因	天数
未结婚(男性)	3500	饮酒	130
惯用左手	3285	枪炮事故	11
未结婚(女性)	1600	自然放射线	8
30%超重	1300	医疗 X-射线	6
20%超重	900	咖啡	6
吸香烟(男性)	2250	口服避孕药	5
吸香烟(女性)	800	减肥饮料	2
抽雪茄	330	PAP 检验	−4*
用烟斗抽烟丝	220	家里有烟雾警报	−10
危险工作，事故	300	带有气垫的轿车	−50
一般工作，事故	74	移动冠状动脉监护器	−125

* 负数表示增加寿命.

从表 6.1 可以看到，惯用左手的人比惯用右手的人少活约 9 年.这意味着惯用左手的人在遗传上有什么问题吗？恐怕不是吧:这个差别或许是由于惯用左手的人生活的这个世界,即绝大多数日用品都是为惯用右手的人的方便而生产的不利因素所造成的.但是，统计信息对那些惯用左手的人是有用的,保护自己免遭可能的危险.

一般说来，平均值是把个体组成的集合(总体)视为整体的一个概括特征的指标,可用于比较各个不同的总体.我们可以说，平均月收入 1000 美元个体组成的总体比平均月收入 500 美元个体组成的总体富裕.但是，平均值对个体之间个人收入的差别没有任何评价.例如，个体的收入可以在 20 美元到 100 000 美元之间变动，而平均值为 1000 美元.一个总体内,个体之间收入的差别称为变异

(variability)，也是与总体之间的比较有关的指标.绝大多数情况下，平均值和某些变异的量度(如收入的范围)，可以提供一些实际水平的信息.平均值自身有可能是靠不住的，因而在对个体进行判断时，并不总是有用.可以想像一下，如果让一个不会游泳的人涉过一条平均深度浅于他的身高的河,会是什么情形!

6.5 天 气 预 报

可信赖的天气预报员将他们的麦克风移近窗户,从而决定是否采用官方的预报或是根据他自己对窗户外情形的判断来预报.

几年以前，天气预报用的是笼统的表达形式，诸如：明日有雨，明日可能有雨,明日不会降雨等等.天气预报经常出错.今天，天气预报采用了不同的形式：明日有雨的可能性为60%.这个60%意味什么?这样的预报比起早期的预报形式来说包含更多信息吗?或许，对那些完全不知道“可能性”代表什么的人来说，今天的预报会引起混乱，甚至会产生今天的预报不如过去准确或是不如过去有用的印象.

天气预报中，无论怎样都会有不确定的因素.因而，从逻辑上来讲，没有给出预测精度的预报，对决策来说是毫无意义或者是没有用的.天气预报中,60%这个数字提供了预测精度的一个量度.做出这样的预报时，常常意味的是明天有60%可能性会降雨.当然，不可能断言某一特定的时刻会降雨.在这个意义下，预报“明日有雨的可能性为60%”更有用，比起“明日有雨”的笼统说法来说更有逻辑性.那么，在什么意义下这个叙述是有用的呢?

假设基于天气预报“明日有雨的可能性为60%”的情形下要决定是否带伞.再假设无论哪一天，由于带伞所引起的不便能用钱来量度，设为 m 美元，而由于没有带伞被淋湿了的损失设为 r 美元.则当降雨的可能性为60%时，以美元的形式求出两种决策下所期望的损失为

决 策	期望的损失
带伞	m
不带伞	$0.6\times r + 0.4\times 0 = 0.6r$

因而，当 $m\leqslant 0.6r$，决定带伞，$m > 0.6r$ 时不带伞可以最小化你的损失.

这是一个简单的例证，说明如何利用预报量度的准确与否,来加权处理不同的可能的决策下所产生的结果，从而选择最佳的.如果在预报中，没有指定不确定性的量度，就没有基础去做出一个决策.

6.6 社会舆论调查

即使我下定决心，我仍充满了犹豫.

奥斯卡·列文托(Oscar Levant)

过去，当权者们利用侦探系统来查明公众的观点.或许，由此所收集的信息帮助他们形成公众政策，制定和实施法律.现代的社会舆论调查的历史，是由盖洛普民意调查的第一个报告开始的.今天，社会舆论调查在报纸和其他新闻媒介中已经扮演了一个主要的角色.他们收集公众对各种社会、政治和经济问题上的信息，出版摘要报告.这样的舆论调查在民主政治社会中能起到积极的作用.他们可以告诉政治领导人和官僚们什么是公众的需要，什么是公众的爱好.他们也向公众报告新闻，通告公众的想法，或许可帮助在某个重要的问题上明确表现公众的观点.

通常以某种特定的统计形式宣布公众舆论调查的结果同时需要一定的解释.例如，播音员说：

赞成总统外交政策的人占42%，正负误差界限为4%.

代替给出单个数字，这里播音员给出一个区间 $(42-4, 42+4)=(38, 46)$.这是如何得到的？如何解释呢？

假设所有美国成人中，实际赞成总统外交政策的比率为数值T.为了了解T的大小，必须接触每一个美国成人，得到他们对“你赞成总统的外交政策吗?”这样问题的反应.如果必须要得到一个限时的、迅速的答案，这是不可能的.最好的方法是求出一个最接近于T的估计值.新闻媒介对某一数量的“任意选择的个体”进行电话采访，得到他们的答案.如果接触了数量为p的个体，其中有r个人回答“赞成”，则T的估计值可为 $100\times(r/p)$.当然，这样的估计是存在一定的误差的，因为我们所取的仅仅是某个集合中的样本(美国成人中很小的一部分).如果接触另外的p个人，可能得到不同的估计值. 如何求出估计值的误差呢？基于两个统计学家内曼和阿·皮尔森发展起来的一个理论，我们可以算出一个数字e，使得T的真实值以很高的概率，一般为95%(或99%)，落于区间 $(100\times(r/p)-e, 100\times(r/p)+e)$ 之内.也就是说这个区间不包含真实值的事件，等价于在装有5个(或1个)白球，95个(或99个)黑球的口袋中随机地抽取一球，抽得白球这样一个几乎很少发生的事件.

社会舆论调查的有效性，基于所选择个体的“代表性”.十分显然的是，调查的结果是依赖于所选择个体所属的政治团体的(民主党或共和党).即便假设所选择的个人的政治所属是没有偏差的，如果有些个体不回答问题，有些又恰恰属于某些特别的政治团体，则结果也会不同．任何调查中，都有不同程度的不回答者，这种场合要评价误差是困难的，除非有更多的可利用的信息．

6.7 迷信和心理作用

> 当问到伦理学家斯马利安(R. Smullyan)为什么不相信占星术时，他说他是双子星座的，双子星座的人绝不会信占星术．

我的一个朋友是一个虔诚的基督教徒，他把刚参加工作得到的第一个月的薪水全部捐给了教会．当我问他是否相信上帝时，他回答到："我不知道上帝是否存在，但相信上帝的存在并以此来行动，是安全的．" 或许，信仰和迷信在每一个人的生活中都存在，一旦当它们变成一个人行动的惟一指导时，就会产生危险．

心理作用会对一个人身体的生物功能产生影响吗？很遗憾，对这个问题还没有实验证据．但是已经不断有研究报告，涉及到支持所谓"心于物质之上"的谈论．最近有一个研究报告，圣地亚哥的加利福尼亚大学的菲力普斯(D. Phillips)花了 25 年的时间，对老年美籍华裔妇女在一个重要的节日，中秋节前后的死亡率进行的调查．他发现节日前一周死亡率比通常低 35.1%，节日后一周死亡率比通常高出 34.6%．看起来，人具有一种能力来延续死亡直到经历某个吉祥的时刻．

在菲力普斯较早(1977 年)的研究中，对 1251 个著名的美国人的出生和死亡月份数据的调查的论证有类似的结果．表 6.2 给出了菲力普斯报告的数据，以及英国皇家学会中印度籍会员的有关数据．

表 6.2 出生月前后以及出生月间的死亡率

	出生月前						出生月	出生月后					总数	比率 p
	6	5	4	3	2	1		1	2	3	4	5		
样本 1	24	31	20	23	34	16	26	36	37	41	26	34	348	0.575
样本 2	66	69	67	73	67	70	93	82	84	73	87	72	903	0.544
样本 3	0	2	1	9	2	2	3	2	0	1	3	2	18	0.611

注：p = 在出生月和出生月后死亡的人的比率．

样本 1 《400 个著名美国人》中所列出的非常有名的人．

样本 2 《现代名人录》(Who Is Who)三卷中(1897～1942，1943～1950，1951～1960)著名家庭中的家长．

样本 3 英国皇家学会中去世的印度籍理事．

从表 6.2 可以看出，出生月前去世的人数比在出生月中和出生月后去世的人要少．这个现象在最著名人物的集合中是比较显著的．整个数据看起来显示了一个趋向：延缓死亡到诞生月后．

这些研究结果是否显示一些人能够运用他们的能力延缓死亡日期，直到某个重要的事件发生,如生日、节日或纪念日与这个类似的一个著名例子是有关托马斯·杰弗逊(Thomas Jefferson)的报道，据说他延长了他的死亡直到1826年的7月4日——刚好独立宣言签字后的第50年，他仅仅问了医生:“今天是7月4日吗?”就去世了.

像菲力普斯发表的这样有关死亡日期的研究报告，并不一定能说明整个问题.研究工作中，普遍的是有很多研究者在研究同一问题，或许是偶然地，仅仅发表了那些肯定的结果.而那些否定的结果一般没有报道，保留在文件夹里，成为“待考”问题.因此，如果仅仅引用发表了的结果，要从中得出什么结论的话，需要谨慎.

6.8 统计学与法律

一般,不了解法律的是下面三种人：制定法律的人、执行法律的人和那些破坏法律而遇到麻烦的人.

哈利法克斯(Halifax)

最重要的不仅是要执仗正义，而且要使执仗正义可视

过去10年中，统计概念和统计方法，在民事诉讼中解决复杂的问题时扮演了重要的角色. 典型的例子是：有争议的父权之认定；在雇用和住房均等上对少数民族的歧视的申诉;环境和安全的规则；反对不实广告保护消费者.所有这些诉讼中，辩论都是基于统计数字以及对这些数字的解释.一个法官不得不决定所提出证据的可信程度,并做出适当赔偿的合法裁定.这个过程要求所有与案件有关的当事人、辩论的双方以及双方的律师，或许最重要的是那些要做出裁定的法官，在某种程度上了解统计学，以及应用统计学经常面对的困难.

让我们来看艾松(Eison)的诺维尔(Knoxville)市的例子.这里，一个女学生抱怨诺维尔警官学校在进行强力和耐力测验时，对女性有歧视.她提出的证据是表6.3中她班级的测验结果.

表6.3 原告班级的合格率

	合格	不合格	合格率
女性	6	3	0.666
男性	34	3	0.919
总计	40	6	0.870

她说，因为比率 0.666/0.919=0.725 小于 4/5=0.8，学校违反了雇用均等条例(EEOC,Equal Employment Opportunity Commission)第 45 条[①].法官要求学校提交学校测验结果的整体报告，其结果为表 6.4.

表 6.4 警官学校全体学生的合格率

	合格	不合格	合格率
女性	16	3	0.842
男性	64	3	0.955
总计	80	6	0.930

在这种情形下,比率 0.842/0.955=0.882 大于 0.8. 法官当然有权说参加测验的是“全体人”而不是一个特殊的“子集合”.这是一个典型的例子，即当事人所选择的进行诉讼的部分数据，与整体数据结果不同.

通常，在一个特殊的量度或概念之下，基于对总体中个体一小部分人的调查所产生的定量的证据是以平均值或比率的形式出现的.所引用的数字能代表总体作为一个整体的特征吗？这在很大程度上是依赖于所包含人数的充分性.同时,选择这些人时要不带偏差.

在应用总体的样本估计值时，要求对所组织的调查过程进行详细的检验,如所抽取样本的代表性的保证，以及为了保证估计值一定的精度所抽取的足够的样本量.如果法官能对抽样调查方法有一定的了解，则他们能够在各个诉讼案情中，决定是否采用或者拒绝样本估计值，从而做出更公平的裁判.这里并没有提议一个法官必须是一个有资格的统计学家,但是对统计推断以及在做出决策时对所包含的不确定性的知识的了解,是一个法官的财富，使他能够在提出的有关统计数据的辩论中形成自己独立的判定.

在任何裁决中，当给出所有的证据时,都需要对一个事件为真的证据或可能性的程度进行评价.而且在做出决策的同时，必须考虑把有罪的人误判为无罪、无罪的人误判为有罪的影响.涉及证据的各种程度的标准用语可表示如下：

(1) 占优势的证据；

(2) 清楚和使人信服的证据；

(3) 清楚，无任何暧昧和使人信服的证据；

(4) 无任何怀疑的证据.

为了验证法官一般如何解释这些证据的标准，维因斯坦法官向他在地方法院

---

① 根据美国雇用机会均等的法律，男性雇用者的合格率不能太高.男女的合格率容许值定为 0.8.该法律的宗旨是反对种族、性别等方面的歧视.——译者注

里工作的同行们进行了调查，各种证据标准的概率可表为百分数在表 6.5 中给出.

从表中可以看到，法官对 4 个标准给出的概率是一致单调增加的.然而，对较高的证据标准程度的概率分配，法官之间存在一些差异.

实际上，统计学中存在一种称为贝叶斯过程的巧妙的统计方法，一个法官判定某人有罪的先验概率能够由给定信赖程度的新的证据进行修订.这个在新证据给定条件下修订后的概率称为后验概率，是做出决策时的主要信息来源.统计学中贝叶斯决策理论的发展似乎是对公正执法提供了一个客观基础.

表 6.5　纽约东部地区法院法官对各种证据标准的概率表示

法官	优势(%)	清楚,使人信服(%)	清楚，无暧昧使人信服(%)	无任何怀疑(%)
1	50+	60～70	65～75	80
2	50+	67	70	76
3	50+	60	70	85
4	51	65	67	90
5	50+	标准不易理解，	不起作用	90
6	50+	70+	70+	85
7	50+	70+	80+	95
8	50.1	75	75	85
9	50+	60	90	85
10	51		不能用数值估计	

来源：U.S.v. Fatico 458 F. Supp. 388(1978)，p410.

6.9　超灵感与惊人的巧合

宇宙，与其说是由逻辑，不如说是由统计的概率来支配的.然而这对宇宙来说仍然是了不起的.如果人生就像掷骰子连续出现几百次 6，我们知道这样的事件在如此众多的世纪里不会再发生第二次；但是我们也知道，没有破坏宇宙的计划，今夜在这个房间里，可能发生连续出现几百次 6 的事件.这是令人安心的.

切斯特顿(G.K. Chesterton)

我们常常会看到一些报道说某人具有超灵感(ESP：Extra Sensory Perception)可以透视他人的内心的秘密，占星术做了准确的预报，某人 4 个月内连中两次彩票的惊人的好运.这样的事件制造新闻，可能会引起读者的兴趣.是否显示存在着某种隐藏的能力引起这些事件的发生呢?

也许完全否认某些个人所具有的超能力(如 ESP)存在的可能性，或者是某人出生时刻所处的行星位置可以决定他一生所经历的一切事件的可能性是不慎重的.但是，这类报道只选择成功的例子并不能为这种可能性提供强有力的证据.

例如，考虑一个典型的 ESP 实验，实验者从两个物体之中任取一个放在纸板下，要求被实验者猜出放在纸板下的物体.这样的实验反复进行 4 次,则一个人纯粹由猜想得到所有正确答案的概率为 1/16.这就是说，如果从一般人集合中任意选出 64 个人进行这样的实验,则有三四个人以很大的机会猜中所有的正确答案.这样的实验并不是表明这三四个人具有超灵感.但是，如果仅仅报告他们的结果会吸引我们的注意力.

再考虑一个别的例子.如果你出席一个至少有 23 个人的宴会，询问所有出席者的生日，你会发现他们中有两人生日相同.这似乎是惊人的巧合，其实通过概率计算我们知道发生这样事件的概率为 50%.

在一篇发表于美国统计学会杂志(Journal of the American Statistical Association, Vol. 84, p.853～880)上的文章中，两个哈佛大学的教授，戴肯斯(Diaconis)和莫斯特雷(Mosteller)证明了绝大多数的巧合，如一度作为一惊人事件报道的美国某地某人在 4 个月内赢了两次彩票,是在一定的时间内以相当小的概率发生的.

统计学中存在一种法则，它是这样叙述的:一次实验中以很小的机会发生的事件,当样本足够大时必然会发生.并且可以在任何时候发生并不需要归因于任何特别的理由.

6.10 普及统计能力

我希望他能对他的解释作出解释.

洛德·拜伦(Lord Byron)

我们在学校里学习三 R(读，写，算)，但光学这些是不够的.我们更需要知道的是如何处理不确定的情形.当信息不充分时我们如何做出决策呢? 在不确定的理由下,学校教育的早期阶段应尽量设置介绍第四个 R 的课程.可以给出自然界中不可预测的事件、个体之间的变化以及测量误差的例子,同时说明从这些情况中所得到的观察数据或信息里,我们能学到什么.

我们也应该探索利用新闻媒介、报纸、无线电广播和电视的可能性,不断地向公众进行传播和教育，介绍政府所采取行动的结果以及科学家们的新发现.这需要具有一定知识水准的记者，他们有能力解释说明统计信息并进行无偏差的报道.毫无疑问，新闻记者都会受到一定的限制，他们不得不把报道写得既不冒犯当局又要足以轰动以便能够被总编接受得以发表.他们可能没有专业知识来进行独立的判断，他们宁愿去概括专家们的建议.或许,为了报道统计内容需要对记者进行一定的训练.我十分理解哈佛大学的莫斯特雷教授为科学报道记者们定期开设的统计学课程，使他们能够无偏差地撰写有关统计的内容，让大众更容易理解他们的报道.这是值得一试的,大学里应该努力给科学报道的作者们设置正规的课程.

6.11 统计学，一门关键的技术

过去，一个国家的经济依赖于它如何准备战争.今天，我们正在目睹着从恐吓与对抗到和解与谈判的转换.今后数十年内任何一个国家所面临的最大的问题，不是战争而是和平的竞争.未来的战场将是经济和社会福利,我们不得不和引起社会动荡不安的饥饿和掠夺进行斗争.看起来我们对这样的局面还没有做好充分的准备.我们的成功将依赖于如何在可利用的资源上收集和处理所得到的信息，从而能做出最佳的决策，达到为了要改善人类生活的质量能够最大限度地利用人类和物质世界的资源.这必须经过仔细策划并保证以下几点：

* 进步应该是公平的，持续的.
* 对生物圈没有致命的危害.
* 没有道德的污染(或者是人类价值的降低).

要达到这样的革命，统计学是关键的技术，是通向和平的新世界的关键技术.

参 考 文 献

Cohen B and Lee I S. 1979. A Catalog of risks. Health Physics. 36,707～722

Diaconis P and Mosteller F. 1989. Methods for Studying Coincidences. J. Amer. *Statist*. *Assoc*., 84, 853～880

Phillips D P. 1977. Deathday and Birthday: Am Unexpected Connection. In *Statistics*: A Guide to Biological and Health Sciences (Eds. J.M. Tanur, et. Al.), pp. 111～125, Holden Day Inc., San Francisco

附录　拉曼纽扬(S. Ramanujan)

——一位罕见的天才

我感到我被邀请为纪念拉曼纽扬讲座的演讲者是一个很高的荣誉.我非常高兴地接受了这个邀请. 特别还因为拉曼纽扬的一生一直是激励我那个时代的学生们的一个伟大的源泉.今年，正值这个伟大的天才诞生100周年，我们举行纪念活动有着多方面的深远意义.它提醒我们以发现基础的零和负数开始的印度的数学传统依然存在.它也提醒年轻一代：他们能通过创造性的思维来丰富自己的人生.最后，我希望通过纪念活动能产生全国性的影响，让公众认识到数学的重要性，认识到数学是科学和艺术进步的一个关键因素,也提醒我们应尽所有的努力在我国鼓励数学学习和数学研究.

1986年，美国总统宣布每年4月14日～4月20日为全国数学认识周(National Mathematics Awareness Week)，目的是让美国学生能保持学习数学的热情.苏联人造卫星的幽灵仍然在美国上空徘徊，任何忽视数学的倾向会被认为是对国家科学和技术进步的阻碍.比起宣告全国数学认识周来说，在印度，我们更需要的是公开承认我们还没有认识到我们的数学是如何薄弱.让我们通过纪念拉曼纽扬诞辰100周年来促进印度数学的发展.我们不应让世人说：印度的数学从零开始，也以零结束.

因为拉曼纽扬的一生与工作和我的演讲主题有关，我想借此机会介绍一些他的情况.拉曼纽扬的出现如同数学太空中的一颗流星，划过人生短暂的时刻，又同样出乎意料地在他32岁时消失了.在这个过程中，他把印度放进了现代数学的版图. 拉曼纽扬的数学贡献在很多领域内是深远的，永恒的,他是世界上最伟大的数学家之一.拉曼纽扬并没有像通常的数学家那样去学习数学，而是发现和创造了数学.这使得他成为一个谜一样的天才，而他的创作过程犹如一种虚构、一个神话.

拉曼纽扬去世时留下了一份奇怪和罕见的遗产：写在三个笔记本和一些纸片上的约4000个公式.假设拉曼纽扬的研究时间为12年，则他每一天就发现了一个新的公式或新的定理.这是任何一个从事创造性活动的人不能与之相比的.这些并不是通常的定理，它们中的每一个都是产生一个全新的理论的核心.这些公式和定理并不是凭空想像出来的一连串孤立的魔术般的公式，有的自身对今天的数学研究仍有深远的影响.更进一步说，在理论物理中从宇宙论的超凡理论到复杂的分子系统的统计力学，这些公式和定理在发展新概念方面同样具有深远的影响. 1976 年在剑桥三一学院的图书馆里发现了他在健康逐渐衰弱时,留在 130 页没有编号的手写稿上他人生最后一年的工作. 仅仅是在《补遗杂记》中给出的结果已经认为“等价于一个伟大的数学家一生的工作”了. 威斯康星大学的阿斯克(Askey)教授在评述拉曼纽扬的贡献的独创性、深远性和永久性时说到:

> 他的工作乍一看来几乎是不可预测的. 当了解其内容以后, 可以保守地断言他的工作所涉及到的大部分内容, 是任何生活在当今世纪的人不可能再发现的. 而且, 拉曼纽扬发现的某些公式, 至今没有人能理解或证明. 我们恐怕永远不会了解拉曼纽扬是如何发现这些公式的.

要理解拉曼纽扬的创造性是困难的;在科学研究或艺术创作的纪要中不存在相似的记载. 拉曼纽扬发现的能支配整数无限集合的神秘定律和相关的关系, 犹如一个科学家试图发现宇宙中隐藏的控制自然界事物的法则一样, 这是几乎让任何一个科学家都感到敬畏和头疼的. 让我们来看一看拉曼纽扬在临去世之前的 1919 年所做的关于函数 $p(n)$的一个猜想:如果一个整数 n 可表为与顺序无关的几个非负整数的和, 则可定义 $p(n)$的组合形式为

$$\text{如果 } 24n-1 \equiv 0\ (5^a 7^b 11c),\ \text{则 } p(n) \equiv 0\ (5^a 7^b 11^c). \tag{1}$$

这个公式隐含着伟大的思想,而且这个结果的形式是一个美丽的发现, 因为一个世纪以来, 在椭圆函数或模函数的一般理论中没有产生任何这类的结果. 另一个印度数学家乔拉(Chowla)证明这个猜想是错的,因为当 $n=243$ 时它不成立. 由阿特金(Atkin, 1967)[Glasgow Math. J., Vol. 8, p. 14～32.]证明, 上述公式仅需稍加修正:

$$\text{如果 } 24n-1 \equiv 0\ (5^a 7^b 11^c),\text{则 } p(n) \equiv 0\ (5^a 7^{(\frac{b}{2})+1} 11^c). \tag{2}$$

即公式(1)中第二行 7 的指数 b 换为$(\frac{b}{2})+1$. 如果拉曼纽扬利用数学推导, 或许他可以得到正确的结果, 但他没有得到正确的公式这件事相对来说是不重要的;他的想像形成这样性质的结构的概念证实了这个发现背后无法解释的他的思维过程.

一个人如何得到一个卓越的概念呢? 要变成创造性的思维, 需要做什么样的准备呢? 一位天才是天生的、还是造就的? 或许对这些问题并没有肯定的答案. 然而,即便有答案, 我们恐怕也不能解释拉曼纽扬的大脑里为何能迅速地产生如此众多的卓越的想法. 更使人感兴趣的是, 因为拉曼纽扬没有接受过正规的高等数学教育, 从来没有着手过数学研究, 也并不知道现代数学中研究问题的领域或方向. 他叙述定理而没有给出证明,也没有指明动机. 拉曼纽扬无法解释他如何得到这些结果. 他常说这些公式是拿摩卡女神在梦中赐给他的. 他常常一起床便记录下

这些结果并迅速地验证它们,尽管有时并不能给出严密的证明.经过验证拉曼纽扬叙述的定理很多是正确的.在潜意识下产生创造性吗?

马哈拉诺比斯教授与拉曼纽扬当年同期在英国剑桥.他总是讲述有关拉曼纽扬的轶事,这些轶事由冉甘纳让(S. E. Ranganathan)记录在《拉曼纽扬,普通人与数学家》这本传记中了.这里从冉甘纳让的书中,我引录一则从马哈拉诺比斯教授那里收集到的轶事.

> 一次,我去他(拉曼纽扬)的房间.那时正是第一次世界大战刚刚开始不久,我手里拿着一本《困境》月刊,那本杂志当时总登载难题让读者解答.拉曼纽扬正在炉子上的锅里搅动着什么菜准备我们的午饭.我靠着一张桌子坐下,翻阅着杂志.一个有关两个数的关系的问题引起了我的兴趣.问题的具体内容已经记不起来了,但我记得问题的类型.两个英国官员住在一条大街上两套不同的房子里,他们在战争中被杀害了;他们房子的门牌号数之间有某种特殊的关系,问题是求出这些数.这个问题并不很难.用反复试验法,我几分钟就得到了答案.
>
> 我说(开玩笑地):现在考你一个问题.
>
> 拉曼纽扬:告诉我什么问题.(一边继续搅动锅.)
>
> 我读了《困境》杂志上登载的问题.
>
> 拉曼纽扬:请记下答案.(他给出了一个连分数.)
>
> 第一项是我得到的答案.其余各项就像街上的门牌号数无限增大一样,表为逐渐增大的具有同样关系的两个数之间的逐次解.我感到非常惊奇就问到:'你在一瞬间就得到这个答案了吗?'
>
> 拉曼纽扬:当我听到问题时,即刻清楚地知道它的解显然是一个连分数;我就想:'这是一个什么样的连分数呢?'然后答案就出来了.就这么简单.

从冉甘纳让的记载里我们知道,拉曼纽扬 12 岁时表现出了对数学的兴趣.据说当时拉曼纽扬曾经问他在昆巴库纳市区高级中学高年级班学习的一个朋友,什么是数学中的“最高真理”.据说这个朋友给他提到毕达哥拉斯定理、股票和股份问题作为“最高真理”.毕达哥拉斯定理属于正统的数学,因为结论是在给定的前提下通过一系列演绎的推论得到的,不存在任何有关结论的不确定性问题.股票和股份问题属于概率论,这里所得到的结论不一定要求必须准确,但是对投资家有帮助.两个问题均是学习和研究中显示智力地具有挑战性的领域.或许是比起股票和股份问题来说,拉曼纽扬更熟悉毕达哥拉斯问题,这就使他迷上了数学.

拉曼纽扬在笔记本上记录下来的绝大部分结果是无证明的,据说他用石笔在石板上进行推导,而仅仅把最后结果记录在纸上.当问他为什么不用纸时,拉曼纽扬回答的是他一周需要三令纸[①],他没有钱来买那么多纸.

1914年拉曼纽扬去英国剑桥哈代博士处工作之前，他在印度杂志上一共发表了5篇论文.由他独自署名或与哈代合作,他一生共发表了37篇论文.在他短暂的研究生涯内，这些论文发表的时间分布如下：

期 间	～1914	1914	1915	1916	1917	1918	1919	1920	1921
论文数	5	1	9	3	7	4	4	3	1

拉曼纽扬死于1920年，时年33岁.在他生命最后的两三年里，他的健康状况越来越糟，但他仍继续进行研究并把很多结果记录在一个笔记本上,这个笔记本直到几年前才被发现.这个被称为《补遗杂记》的笔记本上有很多新的定理，其开创了数论研究的新领域.

当然，拉曼纽扬是一位少有的天才.他在或多或少的恶劣环境中开花结果.在这样的环境中常规运转的教育系统培养管理工作通常需要文书公务员；有天才的学生缺乏制度上的支持或者是其他的机会开展研究,贫穷迫使他们不得不放弃对学术的追求而为谋生去求职.对于拉曼纽扬在数学上的成就，尼赫鲁在他《印度的发现》一书中写道：

> 拉曼纽扬短暂的一生和他的去世是印度现状的一个代表.几百万人中有多少完全受到教育了呢？有多少生活在饥饿的边缘呢？如果对他们打开生活的大门，提供给他们食物、健康的居住条件、教育和成长的机会，这几百万人中会产生出多少杰出的科学家、教育家、技术工作者、企业家、作家和艺术家来帮助建立一个新印度和一个新世界呢？

尼赫鲁是一个理想家.确实，印度的状况这几年有了相当的改善.现在，印度科学的平均水平可以与任何先进国家相比.但是，总的感觉是：我们仍然没有达到完美和理想的水平.我希望，我们的政府和研究机构(在统计学家的帮助下!)进行调查研究,为把印度置于革新和科学发展的最前沿而做出必要的努力.

① 令为量纸的单位，一令等于480张(或500张).——译者注

索　　引

F

G

H

J

K

L

M

N

O

P

R

S

T

W

X

Y

Z

其　他

跋

笔者自1984年起，与作者C.R.劳教授朝夕相处，共同从事研究工作达6年之久.以后我们一直保持着密切的联系.彼此之间，生活上犹如一家，学问上如同师生，相处甚为融洽.今能为《统计与真理——怎样运用偶然性》一书作跋，是一大荣幸.

C.R.劳乃当今仍健在的世界上的最伟大的统计学家之一.他的一生是辉煌的，他的学识是渊博的,他对学术的贡献是无与伦比的.在介绍《统计与真理——怎样运用偶然性》一书之前，让我们首先简单回顾一下他的经历.

C.R.劳教授生于1920年9月10日，他出生在印度卡那塔加(Karnataka)省的那达加利(Hadagari)一个贵族家庭.他的全名是加利亚木普迪·拉达克利西纳·劳(Calyampudi Radhakrishna Rao).劳(Rao)本来是印度人为区别其身世及社会地位的一种人名后缀，就如同英国人名前缀Sir(爵士)一样.因为印度人的名字都很长，通常，尤其是到了国外以后,多数印度人都会将名字简化.如今，大都知道C.R.劳而不大有人知道他的全名了.

C.R.劳自幼就是一个有志气的人.当人们问他为什么学统计时，他说：他出身于一个贵族家庭，他不知道这个家庭究竟有多少财产，反正这个家族里没有人为衣食或做什么事担忧.但是，他却不愿意依赖家族的财富虚度自己的一生.好在这个家族也不会干涉他一个人去做什么，于是他就去读书.他20岁时，也就是1940年，他获得了印度安德拉(Andra)大学的数学硕士学位.当时时近第二次世界大战，只有一个数学学位的人很难找到工作.他找到大名鼎鼎的统计学家马哈拉诺比斯(Mahalanobis),马氏建议他改学统计学，说拿到一个统计学位证书，就是取得了一个找工作的通行证(passport).于是他到印度名牌大学加尔各答(Calcutta)大学学习统计,并于1943年拿到统计学硕士学位.

他坚实的数学基础在学习统计学时发挥了作用.他利用马氏距离(Mahalanobis distance)解决了人类分类学中一个重要问题，甚得马氏的赏识.当时，英国剑桥的一个人类学博物馆从非洲运回来大量的骨头和化石，要求印度的统计研究所派人去参加这项研究.马氏便委派C.R.劳去参加这项研究.这大概是C.R.劳一生中重大改变的契机.

他在工作之余到剑桥大学攻读博士学位.他的导师就是数理统计学的奠基人R.A. 费歇(Fisher)教授.这段历史对C.R.劳来说是光辉的，但绝不是轻松愉快的.费歇告诉他必须去养老鼠.其实何止养老鼠，还要杀老鼠呢.当时，费歇正在研究染色体与基因的关系.他的十几个助手，有时甚至要解剖上千只的老鼠.所以，至今仍有人开玩笑说，劳就是那个替费歇养老鼠的年轻人.试想，一个出身贵族家庭、养尊处优惯了的人去从事如此“粗卑下贱”的工作，是多么的不容易，多么的难能可贵呀！为了求学，为了学到真本领，他不怕苦，不辞卑贱，不告诉家族，直至 1948 年，终于苦尽甘来，他取得了英国剑桥大学的统计学博士学位.

劳的学习经历是辛苦的，但也是辉煌的.他的许多成就是他在学生时期取得的.例如，著名的格拉姆-劳(Cramer-Rao)不等式就发表在他 1945 年的一篇文章里，其实要比格拉姆(Cramer)发表此不等式早两年.这个不等式，成了以后信息理论(information theory)的基础.1945 年，为了改进并推进费歇的一项工作，劳发表了另一篇文章，他提出了二阶效(second order efficency)的概念.这对于统计学的发展又是一项重大的奠基石.1972 年，斯坦福(Standford)大学的大名鼎鼎的埃弗龙(B. Efron)教授提出并发表了一套理论，将微分几何学引入数理统计学之中，今天已成为统计学中的一个重要的分支.埃弗龙将他的工作溯源于 C.R.劳 1945 年的工作.

从此，C.R.劳成了世界统计学界一个响当当的人物，亮亮灿灿的明星.至今，他已著书 13 部，发表学术论文 400 余篇.自 1965 年荣获剑桥大学的科学博士以来，已获得荣誉学位 25 个，其地域竟包括英国、印度、苏联、希腊、美国、秘鲁、芬兰、菲律宾、瑞士、波兰、斯洛伐克、西德、西班牙以及加拿大等 14 个国家，又先后被选为美国科学院、第三世界科学院、英国皇家统计学会等 31 个国际著名的科学或统计学研究机构的院士、理事或荣誉院士，获得 10 项重大统计学大奖.

他的杰出贡献包括：

一、估计理论.格拉姆-劳不等式以及劳-布莱克韦尔(Rao-Blackwell)不等式乃小样本理论中的基本不等式.费歇-劳理论是研究二阶效的起源的重要理论基础.其他重要贡献包括 MINQE 估计，舍费-赖曼-劳(Schelfer-Lehman-Rao)定理，高斯-马尔科夫线性模型中的统一估计理论以及 MINQE 估计的统一理论等.

二、渐进推断.劳的另一项先驱性的贡献就是记分检验(score-test).这项结果发表在他 1947 年的一篇文章中.这项工作以后发展成为许多重要分支，例如经济学中的 LM检验，以及统计学中的劳氏准记分检验(Rao's pseudo score test)，内曼-劳(Neyman-Rao)的 $C(\alpha)$ 型检验，都是基于劳的记分检验的思想发展起来的.

三、多元分析.劳的许多贡献都是在这一领域中的.如前面提到的在人类分类学中的工作等，其最重要的几项贡献可概括为群族相关分析(familial correlations)、劳氏 U-检验、威尔克斯(Wilks)Λ 准则的劳氏 F 近似(Rao's F-approximation)、劳氏协变异数结构、劳氏平方熵(Rao's quadratic entropy)等等.

四、概率分布的刻画.利用统计量具有的性质来刻画(characterize)概率分布，是由林尼克(Linnik)、卡根(Kagan)和劳等人发展起来的. 许多重要贡献都是这些人做出的. 他们合著了一本书，叫做《数理统计学中的刻画问题》.

五、矩阵代数. 线性模型中经常要用到投影运算以及计算方差-协方差矩阵的逆矩阵，当矩阵奇异时则不可能用传统的方法计算. 为此，劳引进了广义逆的概念，并从而使得投影算子有了明显表达式，在线性模型中已被广泛采用.

六、组合分析. 为了多因子试验的需要，劳提出了被称作正交数组的组合排列方法，这个方法变成了编码(coding)理论中的一个重要方法.

七、统计学中的微分几何方法. 前面已提到劳是这一领域中的先驱.

劳除了他在学术上的贡献以外，他对世界统计学的发展起到了重大的推动作用，他的足迹几乎遍布世界上所有的国家. 他尤其关心发展中国家(即所谓的第三世界)的统计学的发展，他参与创立了第三世界科学院，他是创建院士(founding fellow)之一.

好了，现在再来介绍一下《统计与真理——怎样运用偶然性》这本书.

1987 年是印度神奇数学家拉曼纽扬的百年诞辰纪念. 为了纪念拉氏，印度组织了一系列演讲，劳应邀主持一个系列，作了三次演讲. 本书就是依其讲稿发展而成的.

《统计与真理——怎样运用偶然性》是其英文版的书名，在准备出第二版和中文版时，作者原拟改名为《统计变化无常的学问与建立新知识》(Uncertainly Statistics and Creation of New Knowledge)，但从中文的角度看，其第一个书名更为合适，故笔者建议中文本仍采用原书名，作者采纳了笔者的意见.

《统计与真理——怎样运用偶然性》是一本关于统计学原理的通俗的普及教科书，也是一本高深的关于统计学哲理的专著. 这不是矛盾吗? 对此，笔者将给以逐次的分析和解释.

全书共分 6 章 36 节 76 小节. 每一小节都包括一个或几个例子. 这些例子在国计民生中处处可见，人人都懂. 这些例子不经分析，人们也许不觉得有什么问题，一经分析，却发现存在着深刻的问题. 例如，印度为了增加粮食生产，需要增加化肥生产，为了增加化肥生产需要生产机械，从而需要增加钢铁的生产. 为此目的，他们决定了增加钢铁生产的方案. 这些计划是按当时的生产实际需要制定的，可是当钢铁厂建成生产以后，马上就发现他们的生产方案已不适应已发展了的经济现状的需要. 这个例子生动地描述了统计学原理中预测理论在指导生产发展规划中的重要性. 还有一个关于盐份的例子. 印度政府为了救援叛军控制区的难民，委托商人发放救援物资，然后由商人按他们自己的账单到政府去报销. 政府方面如何核对这份账单是否属实呢? 这表面看来是个难题，因为政府没有办法去难民那里核实. 于是委托统计学家进行这项工作. 统计学家根据各种物资之间的比例关系发现了问题. 因为由食盐数量可以估计难民的数量，由难民的数量可以估计救援物资的数量.因为食盐是最便宜的物质，商人们不太会在这方面造假.统计学家发现商人们在许多贵重物资上报了假账，从而给政府节省了大量的资金.这个例子生动地描述了数理统计学的估计原理及相关分析是如何被用来解决一个表面看来无法解决的问题.

由于这些例子非常常见，人人都懂，所以读者不必具备高深的统计学知识，就可以读懂这本书.读了这本书，读者就会相信统计方法在国计民生中是如何的重要.所以，可以说《统计与真理》是一本通俗的统计原理的普及教科书.

《统计与真理——怎样运用偶然性》也是一本高深的哲学著作.作者站在哲学的角度看待统计学原理.长期以来人们对世界的认识顽固地存在着两分法的概念，即不为真理，则必为缪误.而统计学的推断，不能给我们一个肯定的回答.因此，长期以来，统计学不被认为是一门科学.这实际上是一种严重的误解.通过实例，作者对此给予了深刻的分析，证明了统计学是一门最严格，最合理的认识论、方法论.举例而言，在同样的假设下，任何数学家都应该推导出同样的结论，如果结论不同，则至少有一个数学家的推导是不正确的，这就是数学.而统计学则不然，在同样的统计模型的假定下，不同的统计学家可以得到截然相反的统计推断.一是他们可能依据了各自采集的样本，即使在同一组样本下，由于他们应用了不同的统计方法，也可能得到完全相反的结论.这是否说明统计学是一种靠不住的方法呢？本书作者，从哲学的高度回答了这个问题，问题归结为传统的用两分法回答问题的方式是否合理.例如，明天是否下雨，答案只有两个，要么下雨，要么不下雨.表面看来是这样一个问题，可是，作为天气预报，远远不是那么简单.明天可能在某地下雨，其他地方不下雨，明天可能有时下雨，有时不下雨，你让气象预报如何回答这个问题呢？再其次，无论你把问题局限到如何狭窄的程度，都不能做到百分之百正确地预报.真正实际的天气预报总是容许一定的错误的.所以今天的天气预报都是以下雨的概率来预报的.

作者在书中还举出了许多的例子来说明人们对于事物的认识是如何地由经验到理性的，这就是所谓的归纳法(induction).孟得尔(Mendel)首先发现了后代的比率而创造了显性、隐性基因的理论.只是由于以后的试验，每次都可能产生错误推断，反反复复的试验过程的证明，孟氏理论才为人们所接受.如果一开始就不容许统计有任何错误，科学就不可能发展.

《统计与真理——怎样运用偶然性》一书对于高级统计学研究人员也具有深远的意义.它通过许多实例，深刻地揭示了现代统计学发展的过程，特别是那些很深刻的理论是如何从一些非常实际的问题发展起来的.本书可以说是作者毕生经验的总结，使人读之，爱不释手.特别，书中也对今后统计学的发展做了极具有远见的预测.笔者读了此书，深得裨益.

笔者希望《统计与真理——怎样运用偶然性》中文版的出版，能对祖国统计学的发展发挥一定的作用，能唤起青年们热爱统计学，能促进各行各业用统计方法改进他们的事业.

白志东

2002 年 8 月 9 日于新加坡